天下文化 35週年
Believe in Reading 相信閱讀

# 慈悲在人間

## 走過尼泊爾震災之路

潘煊 編著

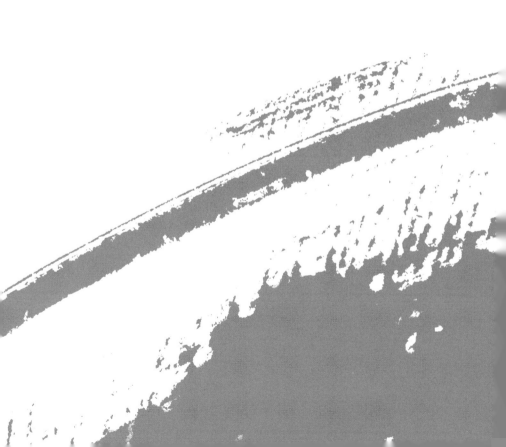

# 目次

## 卷二 佛教東傳，西饋回歸

## 卷三 用大愛，和佛陀故土相連

## 卷四　布善種子，在地開枝散葉

序

# 慈悲依然在人間

釋證嚴

兩千五百多年前的一個清朗夜空下，天地寧靜祥和，佛陀夜睹明星，覺悟見性，透徹宇宙萬物之理，人間從此有了佛法，人心受到究竟的啟迪。證嚴常在凌晨時分，仰望日夜交替的長天，那分靜寂清澄總讓人滿懷感恩，懷想佛世時代亙古的星空。

時空遞嬗千百年，佛陀故鄉古老的大地，在二〇一五年四月二十五日，一場強烈地震，短短三十秒搖晃，造成尼泊爾八千多人喪生，看到如此慘重的災情，內心悲痛無比。

慈濟人在第一時間即尋思馳援管道，克服萬難，在震後七十多小時抵達加德滿都，展開賑災行動。此後的一百多個日子裡，十一個國家地區的志工，先後十一個梯次大愛接力，深入災區，為受災鄉親提供醫療義診、物資發放、臨時帳篷安置等，陪伴尼泊爾走過世紀災難。

尼泊爾社會階級嚴明，然而慈濟人在發放時，面對每一位鄉親，都是九十度彎腰鞠躬，平等尊敬地獻上物資。誠懇身行，感動當地富商投入付出的行列，親自走近貧窮人，彎腰鞠躬親手布施。慈濟人巧用智慧「教富濟貧」，打破當地既有的貴賤觀念，在佛法式微的國度，重現佛陀「一切眾生無差別」的平等觀。

在為受災者送上物資的同時，慈濟人更是「濟貧教富」，帶動民眾體會點滴布施也可助人，即使只是五元、十元響應「竹筒歲月」，一念愛心就能發揮無限力量。

尼泊爾的「竹筒歲月」，一如半世紀之前，慈濟從花蓮起步的「竹筒歲月」，人人本具與佛同等的悲心。從三十位家庭主婦「日存五毛錢」，至今大愛身影遍布寰宇，慈善足跡已走過九十四個國家地區。而就在慈濟邁入第五十年之際，尼泊爾的驚天一震，讓久蒙法乳恩澤的慈濟人再次踏上佛陀故土。

佛陀是真實的覺悟者，以親身體現的真理說法度眾，盡其一生遊化各地，為人類留下珍貴的精神資產。

西元七世紀，唐代玄奘法師西行印度取經，帶回佛經六百五十七部，讓佛法得以東傳。

西元二十世紀，我的皈依師父印順導師，畢生推動佛教人間化，將艱深難懂的佛經義理，落實在生活中。一九六三年，頂禮皈依導師時，師父殷殷叮囑「為佛教，為眾生」，自此拳拳服膺，不曾須臾或忘。半世紀以來，慈濟的人間菩薩道，在世界各地膚慰苦難，皆出自「為佛教，為眾生」的根本精神。

二〇一六年十月，第四屆慈濟論壇在臺北舉辦，國際著名學者紛紛來到臺灣，以「佛教普世性與慈濟宗門的開展」為主題，展開論述。美國哈佛大學商業管理學院暨甘迺迪政府學院赫曼．李奧納（Herman Dutch Leonard）教授，遠從波士頓來臺，在論壇中做一小時的專題演講。為了這一小時，他不惜搭機四十多小時往返，他說這一趟來是為了表達感恩，因為慈濟的案例，帶給哈佛商學院的師生珍貴而重大的啟發。

佛法通達宇宙萬理，也貼近人間；慈濟即是應時代、應世間的實踐法門。慈濟人的大愛行動，出於真誠與使命，遇事立即回應，既是為需要的苦難人付出，更是回報佛陀行菩薩道的教導。

尼泊爾實業家查德里先生曾經來訪慈濟，他在出發前特地親往佛陀出生地，掬起藍毘尼的一把泥土，盛裝在盒子裡專程送來花蓮，他的誠懇用心，令人十分感動。期盼他能將慈濟精神落實在尼泊爾，讓佛法回歸佛陀的故鄉。有佛法作為依歸，人心才能煥發穩實的力量，真正的自助助人。

尼泊爾地震發生至今兩年，仍有不少鄉親住在臨時帳篷，二〇一七年三月中旬，當地警方進入帳篷區清場，拆走大約四百四十頂帳篷，超過兩千位受災鄉親再度無家可歸。舊傷新痛，今後何去何從？令人憂心。

冀求翻轉人生，唯有依靠教育，若能好好教育下一代，便會有充滿希望的未來。慈濟即將援建三間中小學和一所大學，未來將永久矗立在尼泊爾，傳播人文的芳香。慈濟人感念佛恩，將佛法帶回佛陀的故鄉，守護受災民眾走過艱苦黑暗的同時，相信慈濟人會在佛陀故土走出一條菩提大直道。

佛陀來人間為一大事因緣，即是將愛與覺悟的種子深植人心，尼泊爾重建之路仍是漫長，慈濟人體會佛心、解悟佛陀本懷，七百多個日子過去了，愛一直都在，慈悲依然在人間。

卷一

# 賑災行動是一場生命教育

二〇一五年四月二十五日，
一場大地震重創佛陀故鄉尼泊爾，
作為現代佛教團體，
慈濟人在第一時間即組成賑災醫療團隊趕赴災區，
意義格外重大。

賑災行動從急難期的義診、發放，
而進入中長期的簡易教室、簡易屋、希望工程，

慈濟人在援助苦難的次第中，
一步一腳印布善種子，啟動愛的循環。

證嚴法師的開示，
更是隨著賑災演進，展開不同層次的啟迪，
有宏觀的賑災方向，
有微觀的思惟禪修，
於每一個當下引領所有慈濟人，
不論是在災區最前線、在後勤，
或是在全球的每一位靜思弟子，
共同經歷這一場生命的教育。

# 01

# 兩面鐘

臺灣花蓮靜思精舍，在證嚴法師會客室裡的兩面鐘，從這一天起，一面是臺灣時間，另一面則轉動著尼泊爾的分分秒秒。

這一天是二〇一五年四月二十五日，尼泊爾時間上午十一點五十六分（臺灣時間下午兩點十一分），尼泊爾發生芮氏規模七點八強震，震央距離人口密集的首都加德滿都僅七十七公里。加德滿都大量房屋倒塌，附近農村幾乎全毀，數百年歷史古蹟化為一片廢墟，罹難人數持續增加。

佛教創始者釋迦牟尼佛的出生之地尼泊爾，向來以繽紛的文化色彩、壯闊的高山冰川著稱於世，經歷這場驚天浩劫後，八百萬人瀕臨絕望。當此之際，慈濟基金會火速於第二天上午七點，成立「尼泊爾地震慈濟賑災協調中心」，由證嚴法師召集相關主管、同仁開會，彙整各方訊息，啟動賑災準備。

## 千里因緣一線牽

在鐘面上，臺灣時間與尼泊爾時間各自移動著每時每刻，但分分秒秒都一起前進。前進尼泊爾，備極艱辛。臺尼之間沒有邦交，政治局勢敏感，民情文化不同，語言溝通落差，尤其當地沒有慈濟人，更使賑災行動備受考驗。

現代的佛教團體，遙遠的佛陀時代，時間距離兩千五百多年，空間距離三千六百公里，如何在緊急時刻，找到時空連結的那一條線？

因緣的種子埋在二〇一四年十一月。

當時英國牛津大學佛教研究中心龔布齊教授，邀約慈濟參加「二〇一四年印度國際佛教研討會」，人文志業發展處主任何日生代表參與，並以「利他精神作為跨宗教的共同基石」為題，分享證嚴法師的思想理念。何日生的發言，讓與會者見證了佛教思想透過慈濟的行動，在全球所展現的慈悲力量，不僅因而結識居住尼泊爾三十年的「美國波士頓大學尼泊爾研究中心」主任葛雷神父，以及阿尼爾．釋迦法師，也激勵了合辦此會的印度巴利森家族，波尚、普明兩兄弟及媽媽夕瑪，他們都心生認識、投入慈濟的願望。

二〇一五年三月，波尚先從英國來到臺灣；三月二十五日，普明也帶著媽媽夕瑪到靜思精舍參訪；三天後，普明與母親皈依證嚴法師，發願要將慈濟善種子帶回印度。

談起印度的巴利森家族，證嚴法師直歎因緣不可思議，「他們有心，母子來精舍皈依，表達慈濟假如有需要他們做什麼，都願意付出、助人。」

助人之願，在「尼泊爾地震慈濟賑災協調中心」成立當天，成為關鍵性的連結線，透過何日生的聯繫，巴利森家族在地震翌日搭機從印度前往尼泊爾，先到災區安排賑災前置事務。

## 向著佛陀的故鄉，飛馳

地震發生後，阿尼爾．釋迦法師看到房子倒塌、人群哀嚎，悲痛至極中，他覺得一己能力有限，立刻想到二〇一四年在「印度國際佛教研討會」所結識慈濟基金會的何日生，第一時間就寄出一封信。

善念相應，慈濟也正需要熟悉當地的引路人，「其實當時有很多慈善團體不得其門而入，而慈濟是震災早期就能進入尼泊爾，協助救災工作的國際非政府組織（Non-Governmental Organization，簡稱NGO）。」阿尼爾．釋迦法師後來回憶道。

長期研究漢傳佛教、十分關切此次震災的龔布齊教授，同時傳來葛雷神父願意幫忙的訊息。此外，慈濟印尼分會以及印尼實業家林逢生，也提供了可以協助的管道。

大愛流注的管道，從臺灣，從印度，從美國、印尼、泰國、馬來西亞……都朝著佛陀故鄉的方向，為尼泊爾張開綿密的菩薩網。在餘震中飽受驚嚇的民眾，正處於無水、無電、缺糧的暗夜低溫裡，老老小小露宿街頭，披著毛毯、眼神空茫，從黑夜到天明，度過了震後煎熬無比的第一夜。

千里之隔遙遠的靜思精舍，從黑夜到天明，在四月二十六日的志工早會上，證嚴法師心痛不捨，感嘆佛陀誕生地突遭強震的苦難。過去經典所記載的「迦毗羅衛國」，剎那間國土破碎，生命頓時消失，至親天人永隔。在震後的第一個清晨，證嚴法師殷切提醒眾人，自然威力之大，突顯人類多麼渺小，唯有天地調和，眾生才能平安。

## 【上人開示】

◎我們與天地之間要有共同的關懷、共同的憂心，無緣大慈，同體大悲，與天地共生息，這才是我們學習佛法真正的方向。若我們不知天下事，只知自己的得失，這天下如何能平安？

◎生活要戒慎虔誠，愛大地、愛眾生，樂於付出，累積愛的能量，才能減輕災難之苦。

# 02

# 盤旋在喜馬拉雅山上空

賑災是一個方向明確，但前路未卜的行程。

慈濟第一梯次的賑災醫療團緊急在二十七日啟程，由臺中慈濟醫院簡守信院長領隊，臺北慈院趙有誠院長、大林慈院急診部李宜恭主任、花蓮慈院創傷小組王健興主任，組成內科、外科、急診團隊；另有菲律賓、馬來西亞、印度、美國共十一位國際賑災經驗豐富的慈濟志工，分頭趕抵尼泊爾會合。

十五人團隊迅速成軍，慈濟派出的第一支隊伍，隨行攜帶超過一公噸的賑災藥品與物資，銜命出發，擔綱開路先鋒的任務。

藥品準備及出關申請，全程與時間賽跑。在趙有誠院長的召集下，藥學部吳大圩主任及相關醫師等九位同仁，徹夜備妥五十四種、六十四箱藥品、二十四種醫療耗材、八項器械，可供千人需求的藥品和衛材，總重約一千兩百公斤。二十七日上午七點，臺北慈院徐榮源副院長和喬麗華主任祕書已備妥相關資料，火速向衛福部申請緊急輸出藥品的手續；食藥署全力協助，及時完成，順利在下午隨著賑災醫療團搭乘的華航班機，運抵泰國曼谷。

## 滿天盤旋的全球之愛

抵達曼谷，原本預計當晚轉乘的尼泊爾航空班機突然取消，因震後加德滿都機場國際航班大亂，賑災團員被迫滯留曼谷機場。

此刻成為全世界最矚目的加德滿都機場，是尼泊爾唯一對外的空中通道，僅八線跑道的規模，難以負荷蜂擁而至的全球救災團體，造成空中大塞車，導致包括慈濟團隊在內的各國人道救援組織，入境尼泊爾一波三折。

在泰國慈濟志工協助，與泰國航空不斷溝通後，二十八日中午，賑災醫療團終於搭上班機飛往尼泊爾。同機搭乘的一支日本救難隊，先前已經歷兩次無法落地而折返，第三次起飛與慈濟人同行，能否順利降落，所有人的心情都是七上八下。

依然是空中大塞車，依然是等待再等待，飛機在尼泊爾南部上空苦候將近兩個鐘頭，終於成功降落！領隊簡守信說：「我們雖順利抵達了，卻已在喜馬拉雅山上空盤旋好幾圈。」

記錄唐代玄奘大師西遊十九年的《大唐西域記》中有言：「尼波羅國，周四千餘里，在雪山中，國大都城周二十餘里，山川連屬。」那一趟偉大的壯行，是公元六二七年（唐貞觀元年）從長安出發，玄奘大師徒步克服沙漠、雪山種種天險，西行求法，帶回六百五十七部經典，對於佛教經論的正確釋義有著曠古貢獻。一千三百多年後，另一趟艱難的西行卻是緣苦入境，蒙受法乳潤澤的佛教團體慈濟，以救援因緣難行能行，搭機、轉機、停飛、等待、再搭機、盤旋又盤旋，變數頻頻，考驗重重，歷經二十七個小時，終於入境佛陀誕生地。

## 神父的「哈達」

當飛機落地，一踏出特里布萬國際機場（Tribhuvan International Airport），美國籍的天主教耶穌會葛雷神父（Gregory Sharkey），立即獻上表達敬意與吉祥的「哈達」，迎接歷經千辛萬苦才抵達的慈濟賑災醫療團。

任教於美國波士頓大學的尼泊爾中心主任葛雷神父，專長為佛教研究，居住尼泊爾長達三十年，由於「二〇一四年印度國際佛教研討會」的因緣，與何日生相識，對慈濟在全球各地的慈善腳步、國際賑災的理念與做法，至表讚歎，此次慈濟遠道而來，葛雷神父承諾將全力提供在尼泊爾所需要的協助。

在震裂的大地，這個已經失落了佛法的佛教緣起之國，一位美國籍天主教神父，以尼泊爾古禮，祝福千里馳援而來的慈濟。跨宗教、跨種族、跨時空的大愛相繫，一縷雪白的哈達，寄意深長。

這一天，證嚴法師在志工早會上，表達了數日以來時時刻刻都與受災者同感心碎的心情。尤其感恩慈濟人勇於承擔、樂於付出，以愛的能量，為寒天夜雨中無家可歸的尼泊爾鄉親，帶去溫暖的希望。

## 【上人開示】

◎感恩慈濟人長年累月在世界各地廣結善緣，賑災腳步走過九十多個國家地區，才能在此次尼泊爾賑災中，得到四面八方的支援，綿綿密密的菩薩網迅速鋪起勘災、賑災的道路。

◎在空中盤旋的心終於落定了，感恩普天之下的愛，只要力量匯合起來，最苦難的地方總是有菩薩、有天使，伸出援手，及時付出。

◎災後破碎景象，傳達「無常」之理——世間有形之物，常在「成、住、壞、空」的無常變化中。無常人間，莫只關心自我得失；要珍惜平安之福，提起「無緣大慈，同體大悲」精神，關懷天下眾生、及時援助苦難。

# 03

# 尼泊爾的引路人

以佛教之名，走過全球九十四個國家地區援助苦難的慈濟腳步，終於再次踏上這個留有佛陀脈息的大地。

此刻大地毀傷，一下飛機迎面而來的第一個難關，就是九十三箱總重超過一公噸醫材的提領。設備老舊的機場裡，擁擠著各國攜帶前來的救難器械，單是通關手續和領取物資，就耗掉五個小時。

冷靜以待、沉著應對，加上葛雷神父的全程協助，團員得以順利出關，將所有賑災物資與醫療用品，一一送上車。不料，原已訂好的旅館，因他國救難隊無班機可回又續住，慈濟團員只得另覓他處，終於找到災後重新啟業才三小時的一家旅館，安頓好藥品、行李後，立刻馬不停蹄展開勘災、拜會行程。

## 釋迦牟尼佛的族裔

車行加德滿都市區，避難帳篷綿延街頭，民眾在路邊生火煮食，而路中央，祈福的燭光排出「救救尼泊爾」的英文字。臺灣第一支抵達尼泊爾的賑災醫療團——慈濟，能如此貼近地帶來第一線的醫療服務，正是國人對尼泊爾的一份心意與祝福。

在這個全然陌生的國度，要踏出賑災第一步，阿尼爾．釋迦法師是至關重要的引路人。這位與佛陀有血脈之緣的釋迦族裔，就如其族氏所根源的佛法精神，延續兩千五百多年的慈悲傳統，仍潺潺川流在他的血脈中。因緣值遇慈濟人，悲心相契，一路相陪。

阿尼爾．釋迦法師介紹他的兄長，尼泊爾前科技部長卡夏．曼．釋迦給賑災團認識。內心深藏著成立「釋迦基金會」之願的卡夏．曼．釋迦，在慈濟團員抵達當日，即安排他們拜會當時最大反對黨黨主席歐利。這位在後來成為尼泊爾新任總理的黨主席，十分支持慈濟在災區的賑濟工作。

透過卡夏．曼．釋迦的協助，慈濟團員也得以先後拜會衛生主管機關和災難總指揮官，誠心展示慈濟在菲律賓海燕風災、斯里蘭卡海嘯、汶川大地震的救災經驗，並且說明此次的救援行動。因得到官方的協助與指導，在抵達隔日便取得醫療許可證。

## 第一波醫療勘查

二十八日入境尼泊爾的下午，正下著大雨，簡守信、趙有誠與何日生等人，在提前抵達的印度志工普明與葛雷神父的幫助下，前往當地馬達普醫院（Madhyapur Hospital）了解現況及關懷傷患。

馬達普醫院的急診室雖然未被地震損害，但因傷患大量湧入，病房不足，許多人只能躺在醫院外的帳篷區將就棲身。天雨地面濕冷，有人睡在醫院提供的床墊，有人只有一片紙板席地而臥，景況淒涼。

隔日，賑災醫療團兵分兩路，簡守信帶隊的醫療行程，勘查得知馬達普醫院與鄰近醫院，約有一百七十位骨折傷患需要手術，但因缺少骨材，只能先為傷者固定患部，給予止痛藥物。

為了爭取時效，趙有誠以手機拍下患者的X光片，運用即時通訊軟體（LINE），將X光片檔案傳回臺灣，由骨科陳英和名譽院長親自召集，各慈院骨科團隊匯整所需的骨材、骨釘及鋼板等醫材，委請第二梯次賑災醫療團帶到災區。

以骨科和麻醉科醫師為主的第二梯次賑災醫療團，即將在五月一日出發，屆時由骨科醫師接力，進行評估及完成手術，為傷患帶來進一步的積極醫療。

這一天，在拜會衛生部後，簡守信談到此行重要的突破：「衛生部對於我們的醫療資源非常歡迎，但是他們的規定也非常嚴格。我們突破了種種局限，今天下午已經得到在這裡進行醫療的准許。」尼泊爾政府的認可，特別核發四位醫師「醫療准證」，慈濟成為第一個能在災區行醫診治的外國團體。

## 古城的心酸與愛

另一組由何日生所帶領的隊伍，則前往巴塔普古城進行勘災與關懷。

巴塔普位於加德滿都東邊十四公里處，舊皇宮廣場就在此地。許多尼泊爾人仍沿用古老的名字「巴德崗」稱呼這裡，意即「信仰之城」。在十六至十八世紀間，加德滿都谷地有三個出自於馬拉王朝的城邦，分別保留了華美的神廟與雄偉的宮殿建築，巴塔普是其中保存最完整的一座。

發生地震之前，這座有著古代王國風采的城市，以其一度達到巔峰的宗教文化、建築工藝、雕塑藝術，自豪地向世人展示它恢宏的千年歷史。彷彿在悠悠長街裡、在靜靜石板路上、在每一個浸沐夕陽霞光瑰麗的黃昏中，依然演繹著古遠的節奏。

不料一場強震，無數人的家園頓成廢墟，毫無音訊的親人或許就埋在瓦礫堆下，生死未卜，令人心酸。證嚴法師慨嘆：「滿目瘡痍啊！建築物都是破碎的，多少的苦難人，什麼物資都欠缺。慈濟人在勘災的路程中，看到有一位民眾很發心，自掏腰包買水供應給當地人，小女孩自豪地說：『那是我爸爸出錢買的水，給大家喝。』天真無邪的孩子，也知道助人是最快樂的。」

餘震不斷，加上交通險阻，慈濟在評估情勢之後，將賑濟重點集中於重災區的加德滿都，以及距離不到二十公里、車程約半小時的巴塔普市，希望能將來自世界各地的善心資源，投注於重點區域，改善災後困境。

踏上這片傾頹之地，不禁遙想兩千五百多年前，佛陀出生於尼泊爾的藍毘尼，見人間苦相而探索真理、證悟成佛。而今災難發生，慈濟人奔赴災區，證嚴法師以《法華經．藥草喻品》，期許這十五位久經法水滋潤、如法修行的大醫王、人間菩薩，要法入心、法入行，將佛法帶回佛陀的故鄉，膚慰受災受難的人。

**【上人開示】**

◎雖歷波折，但團員們道心堅定，不畏艱難奔赴災區救助苦難眾生。就如《法華經．藥草喻品》云：「若諸菩薩，智慧堅固。」慈濟人以清淨心體會佛法，心志堅定不退。走入災區見人間疾苦，更能體悟無常、成長慧命，而至「了達三界，求最上乘」。

◎瞬間天搖地動，前一刻的平安幸福彷彿夢幻泡影。夢幻的人間、危脆的國土，殘破景象與悲苦眾生相，都是最深刻的見證。親自走入地震災區，對苦難有最真切的體會，而能「明了通達三界之中如夢幻化非堅固法」。

# 04

# 擁抱古城

兩張小桌子，簡單的藥品，臨時帳篷裡，出現白色衣袍的身影。

受災民眾一看到「白袍」，就知道醫生來了！慈濟賑災醫療團在尼泊爾的第一次義診，就此展開。

## 克難中的膚慰

四月三十日，團員分成醫療與勘災兩組，一組前往重災區巴塔普和卡布列勘災；醫療組則取得當地政府「健康與人口衛生部」所核發的醫療准證之後，先前往古城巴塔普的「健康照護中心」，展開義診。

醫生來了！民眾奔相走告，沒多久，小小棚子下就有超過三十位傷患前來就診。

兩張小桌併成的診療臺，同時也是包藥區，設備雖如此清簡，但負責義診的醫師陣容堅強，內外科兼具，簡守信、趙有誠、李宜恭、王健興個個經驗豐富。由於人手有限，醫師也扮演藥師和助手的角色，細心為傷患檢查、清創傷口，再一一上藥。

震後已近一週，由於當地資源不足，傷患連日來缺乏醫藥，部分傷口潰爛嚴重。急診專長的李宜恭看見病患情形，實在不捨：「整個前臂都腫起來，災後這幾天因為都沒有處理，所以手腫得非常厲害。」

雖有語言或文化的阻隔，但醫師的專業及關懷流於言表，不僅用醫術減緩傷患痛苦，也以慈悲精神膚慰傷者，為驚惶不安的心注入暖流。許多原本眉頭深鎖的傷患，在接受敷藥醫療之後，臉上都露出微笑，以擁抱來感恩慈濟的醫師。

當地醫護人員主動加入義診行列，簡守信說：「當地的醫師、護理人員非常歡迎我們，從臺灣運過來的物資，有他們比較缺乏的，我們可以提供；在這裡我們需要一些簡易的物資，他們也可以幫助，這是雙方合作一個很好的開始。」

## 兩地共聲息

在災區第一線，醫師用醫療擁抱當地傷患；在臺灣花蓮，靜思精舍的「尼泊爾地震慈濟賑災協調中心」，正以更大的愛的能量，擁抱著尼泊爾的苦難。

臺灣每天上午九點，尼泊爾當地上午六點四十五分，兩地透過科技傳播，連線進行會議，以期第一時間掌握災區最新訊息，隨時因應，充實所需。

證嚴法師從第一梯次賑災醫療團出發開始，每日的連線會議必定親自參與，仔細聆聽、給予回應、指示方向，尤其不忘叮嚀團員，出門在外要好好照顧自己。

前線賑災，後勤增援緊密相扣，第二梯次賑災醫療團，五月一日下午即從臺灣經香港轉機到尼泊爾支援，他們是大林慈濟醫院簡瑞騰副院長、關山慈濟醫院潘永謙院長、臺北慈濟醫院骨科曾效祖醫師、花蓮慈濟醫院骨科劉冠麟醫師及臺中慈濟醫院麻醉科林昌宏醫師，抵達加德滿都已是午夜時分。

尼泊爾約有兩千八百萬人口，此次震災波及八百萬人，慈濟團隊排除萬難，自災後第四天抵達加德滿都後，即在一片狼藉、百廢待舉的環境中，突破層層關卡，開通了義診道路。兩梯團隊已先後到達，證嚴法師念念都在關心，時時都在祝福，祈願團員面對種種挑戰時，都能以「誠之情誼」順利過關。

## 【上人開示】

◎深入災區救苦救難，非常辛苦，但大家仍以歡喜心、甘願心付出；見證無常、體悟真理，也增長了自我慧命。

◎行菩薩道，一定要走入人群。眾生是慧命成長的養分，要不斷吸收法水，增長自我慧命，且以堅固的道心為人群付出。這就是「上求下化」——上求佛道，下化眾生。

◎人生虛幻無常，生命不可思議，要從世間種種現象，體會空幻道理，「借假修真」。在空幻無常世間，以真誠心行菩薩道，發揮良能拯救眾生；從中見證「世間無常、國土危脆」，體會佛陀所說「苦、集、滅、道」之理，就是「借假修真」。

# 05

# 在破碎的大地重新站起

帶著骨科手術器械、手搖電鑽、骨板、骨釘及相關藥品，第二梯次賑災醫療團抵達尼泊爾了！

包括簡瑞騰醫師、潘永謙醫師、曾效祖醫師、劉冠麟醫師及林昌宏醫師，五位醫師在五月一日深夜一到加德滿都，與首梯四位醫師會合後，翌日清晨六點立即投入義診，兵分三路發揮專長。

第一隊由外科系簡守信領軍，參與骨科醫院開刀。第二隊由內科系趙有誠帶隊，在當地醫師尼爾蒂斯．釋迦協助安排帶路下，前往偏鄉山區、臨時帳篷區進行義診。第三隊則在「巴塔普健康照護中心」駐診。

## 每一根骨材，都是支撐的力量

「巴塔普骨科醫院」的手術室裡，慈濟醫療團在尼泊爾的第一臺刀準備展開。

接受手術的是一位在震災中腳踝骨折的婦女，骨折部分破碎，關節面也不整齊，亟需緊急治療。臺灣與尼泊爾兩國醫師聚精會神，進行一個多小時，手術順利完成。

雖是初次見面，兩國醫師卻培養出不錯的默契。一整天裡手術沒停過，簡守信和簡瑞騰兩位醫師分配在同一間，潘永謙和曾效祖在另一間，負責麻醉的林昌宏則兩邊來回。

巴塔普骨科醫院對於慈濟克服萬難，攜帶那麼沉重的醫材千里而來，這份臺灣之愛，讓他們點滴在心頭。骨科醫師 Dr. Ram Krishna Shrestha 表達心中的感恩：「你們遠從臺灣來，與我們站在一起，真的很謝謝大家的幫忙。」

簡瑞騰覺得，雖然路途遙遠，但能夠及時前來付出，心裡很歡喜。潘永謙則感恩有這個機會，可以來到尼泊爾幫助傷患。慈濟醫院名譽院長陳英和，曾在此團臨行前勉勵後輩：「這趟去不僅是慈濟骨科的責任，更是全臺灣骨科的責任。」

站在這片震裂的大地、風雨飄搖的國土，一雙雙臺灣醫師的手，正在縫補破碎；一根根來自臺灣的骨材，植入尼泊爾人民的身上，成為他們重新站起來的力量。

## 從「佛陀問病圖」，到佛陀的故鄉

手術房門外，懸掛著「慈濟」標幟的橫幅，繫住深摯的全球之愛，這一刻，正在為臺尼跨國醫療的合作情誼，留下歷史的見證。

災區電力不穩，在晚間的手術時，進行到一半停電了，慈濟醫療團所帶去的LED賑災帽發揮功能，充當緊急照明直到手術完成。此一專利產品，引來挪威救援人員圍觀，對於臺灣科技如此先進，讚歎不已。

簡守信認為，當地醫療硬體雖然簡單，開刀房沒有專業的無影燈，震後空調也還來不及裝設，但醫師卻展現了絕佳的手術技巧。尤其護理人員的敬業精神，令人印象深刻。從早上八點直到晚間，同一批護士，負責抬腳、刷洗、遞器械，手術完又包石膏、運送病人，參與全部流程，任勞任怨。

這位專業與志業悲智雙運的臺中慈院院長，在一九八八年八月，花蓮慈濟醫院成立兩周年院慶上曾面對著「佛陀問病圖」懇切發願：「我要以慈濟為家，做到終老！」而今簡守信就置身於佛陀的故鄉，貼觸著這塊傷痛大地，在救災應變中指揮大局。

其實四月二十七日銜命組隊出發前，清晨三點五十分，簡守信還在帶領同仁參與大甲媽祖回鑾安座環保掃街。直到九點搭車前往機場集合，一肩扛下賑災醫療團領隊重責，帶領第一梯次的鋪路先鋒，克服萬難挺進尼泊爾，在災區的急難期，為「骨科手術」與「行動醫療」開出一條道路。

勘災、賑災狀況繁多，要凝聚各方意志達成任務，簡守信在進退收放之間，拿捏精準。雖然具備豐富的國際賑災經驗，但因尼泊爾沒有慈濟人，在龐大的救災壓力下，團隊不計繁難與當地政府溝通，簡守信說：「這些溝通影響深遠，慈濟已經是尼泊爾衛生部正式承認的醫療單位，可以完全融入當地醫院體系。」

## 「我以慈濟為榮！」

在臺灣醫療史上，能夠直接在國外進行緊急醫療手術，跟尼泊爾兩家醫院通力合作，證明慈濟醫療團充分展現了大愛的正能量。簡守信進一步提及：「全臺除了慈濟，沒有其他醫療機構得到官方許可，可以在無邦交的尼泊爾與當地醫師攜手合作，從事跨國醫療行為，甚至拿到執業執照，這可能是臺灣歷史上可以保留的四張執照。」

賑災期間，團員每天從早忙到晚，雖然一天只睡三小時，但想到還有很多傷患等著治療，就一刻也停不下來，只希望在這一片佛陀誕生的地方，真正做到深入膚慰。

首發團回國之後，簡守信與慈濟人分享賑災心得，娓娓道出歸來的心情。他形容自己是：「用整個意志力忍住傷悲，淚水卻不知不覺滑落臉龐，因為想到許許多多在尼泊爾的容顏，也許不完全了解他們的語言，但是那傷痛、那表情，完全不需要語言……」

走過那個傷痛的大地，簡守信說：「如果要我用幾個字來形容這一趟行程，我認為只有六個字：『我以慈濟為榮』！」

五月二日慈濟醫療團在巴塔普揭開手術序幕，這一天，尼泊爾震後的往生人數已達六千兩百多人，受傷者也有一萬三千九百多人，全球已有二十七個國家陸續投入救災。

「一方有難，十方馳援。」證嚴法師感恩慈濟人與全球之愛站在一起，不計奔波勞頓，唯望苦難者早日得救。同時也在與尼泊爾的視訊會議中，鼓舞賑災團隊步步踏實、耐心耕耘，積極而不操之過急，發揮團隊精神集思廣益。

**【上人開示】**

◎在不同國家行事，要力求合於當地法規。面對關關卡卡，要耐心鋪平；道路坎坎坷坷，也要用心行走。路鋪得好，才能走得長久——「走在最前、做到最後」，給予受災民眾最適切的救助。

◎大災難後，需要人與人之間以愛互助，及時救拔苦難。然而，只有救人的慈悲心不夠，還要具備智慧、勇敢，才能真正發揮力量。

# 06

# 彷彿橘色之花，開在大地

輻射型的醫療能量，隨著關懷腳步，從一個定點，向四周綻放。

當賑災醫療團外科醫師在手術室為骨折患者開刀時，身為內科醫師的趙有誠所憂心的是，還有更多傷患根本無法來到醫院！

「病人走不過來，我們就走過去！」趙有誠同步啟動「行動醫療」，與李宜恭醫師，在當地醫師尼爾蒂斯．釋迦的帶路下，深入各偏遠村落及帳篷區義診。

## 偏鄉裡「最高尚」的診間

五月二日，對於偏鄉「皮卡爾村」而言，是一個特別的日子。遠遠看到提著藥箱、搬著器材的白袍身影，從山路上一步步走近，村民就知道是義診來了。

強震之後，此地受災嚴重，處處都是危樓，匆促間，村民就在一棟結構尚屬安全的建築旁，張開一塊塑膠布，用竹竿撐起兩角，然後從家中搬出一張桌子、幾把板凳，以僅剩的家具，讓醫師有個臨時的看診空間。

雖然語言不通，但透過「巴塔普健康中心」志工協助翻譯，趙有誠、李宜恭用心聆聽病人需求，詳細說明病況、開立處方，並且殷殷叮嚀患者如何善用藥品與注意事項。當地天氣炎熱，簡易診間僅容醫師和看診病患，候診的上百位村民只能站在日頭下曬得滿身大汗。

不料隔天，當醫療團再度來到皮卡爾村時，簡陋的塑膠篷不見了，代之出現的是一頂亮麗的橘色帳篷，從內部空間及結構上，都可看出是村人精心搭設。

在這個車子無法到達的小山村，尤其災後取材艱難，鄉親如此動人的用心，讓趙有誠直稱這是「最高尚」的診間！彷彿橘色之花開在大地，診間以橘色覆頂，視覺明亮、氣氛溫暖。

溫暖的更在人心！尼泊爾醫學院學生自願投入志工行列，在義診現場協助掛號；在中學教書的老師，還沒回去看望受災最嚴重的故鄉，就先加入慈濟醫療團，和志工一起幫忙。愛的感染力，正在這裡逐漸擴散。

## 行動醫療，流動之愛

為了搶時間救助更多人，趙有誠一行馬不停蹄，每天前往三個不同村落為受災民眾義診。臨時搭建的簡陋棚子能看診；尚未傾倒的房子也可以為受災民眾服務；真找不到地方時，在馬路中間併起兩張桌子，就是個臨時醫護所，看到車子來了，還得移動診桌讓路。

災後物資短缺，有時尋遍全村才能湊出一組簡陋桌椅以供看診，即使如此克難，因為有愛，村民的身心都得到關懷。特別是災後創傷壓力的症狀，普遍出現在鄉親身上，夜不安寢，稍有餘震就驚慌，醫護人員的細心寬慰、溫言安撫，就是最速效、最直接的療癒處方。

同行的李宜恭和當地醫師尼爾蒂斯．釋迦，都十分心疼鄉間醫療欠缺。根據世界衛生組織統計，尼泊爾醫療體系並不完善，軟硬體皆不足，每一萬人僅有兩名醫師。慈濟的行動醫療團，因有當地人熱心指引與協助，得以開拔到國外救援團體比較探觸不到的地方。

誠之情誼，流潤偏鄉，行動所到之處，愛也隨之流動，即使是醫療資源的孤島，也要讓鄉親知道，他們並不孤單。

「每天早上出發前，我們就把香積飯泡水帶著當午餐，臺灣醫療人員與尼泊爾的醫護人員、翻譯志工擠在一輛小車子裡前進災區。」趙有誠這三言兩語的描述，卻在那迫切的緊急時期裡，醫治了超過兩千人次的病患。每日面對蜂擁而至的患者，即使一天下來累到直不起腰，但只要看到鄉親解除病苦、露出笑容，就覺得一切辛苦都值得！

## 從白天到黑夜，路愈走愈寬

有一天往診回到健康中心，一位參與行動醫療已多日的小護士，指著對面一棟倒塌房屋說：「那是我家。」

趙有誠關切地問她目前住哪？

小護士說：「住帳篷。」

再問她未來呢？「以後一定會很艱難……」小護士的回答，讓醫療團心生不忍。其實在護理人員中，有不少人也是受災戶，生活就和病人們一樣困苦，但卻願意走出來服務，更讓醫師們生起敬意。

住在帳篷區的民眾，過著沒水、沒電、沒食物、更沒醫藥的日子，實在令人憂心。災區醫療分秒不能等，行動醫療團決定在完成白天的偏村義診後，爭取時間在夜間走進帳篷區，關懷民眾的醫療狀況。

沒電的暗夜，四下一片漆黑，前往帳篷區的田梗上，醫療團成員腳步毫不遲疑，因為賑災帽上亮著一盞燈，足以照明前路。

一盞盞光點，連綴成一條移動的光之河，彷彿來自天邊，與地平線平行，向著人心嗚咽之地，帶著愛與光明，一步步前進。

實際參與的當地醫護人員，從觀察慈濟醫療團，到信任慈濟醫療團，愈來愈多人加入往診，心靈火炬愈聚愈亮，行動醫療，路愈走愈寬。

回想十天的尼泊爾醫療之行，趙有誠說：「只能用『難行能行』來形容。還好有各國來的慈濟志工，大家合力解決種種困境，突破重重難關，拿到當地政府核發的『醫療許可證』，可以正式在當地從事醫療行為。」

證嚴法師看著從尼泊爾傳回的影帶，讚歎醫病之間的互助，是多麼動人的畫面！更感恩專精內科的趙有誠、擅長急診科的李宜恭，兩位醫師內外雙科合作，加上當地一群醫學院學生、護士的投入，「天涯若比鄰，普天之下都有愛心，彼此合作無間，這是很感恩的事情。」

## 【上人開示】

◎尼泊爾這條賑災道路，困難重重；有時需要等待因緣、有時需要繞路。慈濟人有心、有力，只要路行得通，就會盡力行走，將各界愛心能量送到受災民眾手上。把握因緣及時救助苦難，將愛心種子撒播得更廣，苦難人間才能展露無限希望。

◎以「誠之情誼」配合當地，把握善因緣，為未來的中、長期援助鋪平道路。事事謹慎、步步踏實，則條條大道都能通達。

# 07 斷垣殘壁中，撒下善種子

就在醫療團展開施醫施藥的各項援助行動時，連日來，國際賑災經驗豐富的幾位慈濟志工，包括人文志業發展處主任何日生、慈濟紐約分會執行長張濟舵、大愛臺副理歐宏瑜等人，則積極訪視巴塔普當地的社區及帳篷區，了解受災民眾需求、記錄當地受毀情況，以評估後續援助方向，為未來的賑災與發放做足準備。

**從廢墟裡找到力量**

在巴塔普市市長普納．蘇瓦（Prem Suwal）帶領下，一行人走進市內最嚴重的受災區。

險象環生的危樓，高高低低綿延在街道上，幾處緊密相連的鄰里幾乎是房屋全毀，沒水，沒電，景象殘破。手腳並用奮力攀爬其間，只見塌落的瓦礫堆積如山，磚塊、鋼筋縱橫交錯。縱橫交錯的不只是斷垣殘壁，在這個空間裡，一幕幕人、事、物的交錯，層層疊疊不斷出現：

餘悸猶存的受災民眾，與冒險馳援的賑災團體；

古老街道隱約的形跡，與不停鳴著喇叭的車輛噪音；

路邊凝滯的年老面孔，與外來客相機的快門聲；

廢墟滿目瘡痍的淒涼，與居民翻挖剩餘財產的那份重建家園的想望……

許多搖搖欲墜的磚牆，已經用木頭勉強支撐，而支撐這個殘破國家度過危難的全球救難團體，都在使盡全力。從四月三十日開始，慈濟的勘災行程穩穩推進。志工向受災民眾不斷說明來意，希望社區領袖能夠協助提供受災民眾名冊；同時，也就地邀約當地人，一起加入援助工作。

巴塔普的小巷弄裡，居民紛紛表達意願要幫助慈濟人，尤其是年輕人、能用英文溝通的當地種子，更是慈濟賑災工作的得力幫手。他們的首要任務，就是協助統計、彙整巴塔普區的受災人數，加速資料齊備，以期早日進行物資發放。

這群本地種子志工不少是具高學歷的青年，擁有相當不錯的工作，比如電腦工程師、中學校長、會計師等。他們在慈濟初訪此地時，看見志工不厭其煩說明幫助鄉親的誠意，馬上就加入勘災隊伍，帶著慈濟人走訪社區，一路相隨。

## 第一場以工代賑，清理家園

慈濟人用愛陪伴，更用智慧喚起受傷土地的強韌生命力，「以工代賑」，就是在提振受災者重新站起的勇氣。以每日支付「代賑金」，激勵失去房子、親人、謀生器具而茫茫終日的受災民眾，擺脫「等待、依賴」的受援心態，自力更生的精神，在賑災過程中，意義尤其重大。

五月一日，慈濟在尼泊爾的第一場以工代賑，就在巴塔普住宅密集而倒塌嚴重的街道展開。在慈濟志工的帶領下，當地居民紛紛加入以工代賑，用自己的雙手清理自己的家園，並且將木頭、磚塊、垃圾等一一加以分類。

慈濟推動以工代賑，每日所支付的「代賑金」屬於賑濟性質，額度高於一般工資，所考量的是，鄉親災後重建勢必需要較多的經費，才能真正度過難關。

一天五百盧比的代賑金，鼓舞了男女老少出來為自己的社區付出。那個在地震中化為瓦礫、人人驚惶出逃的家，現在，大家用這個方式走回來。捲起袖子，邁開腳步，搬移殘磚破瓦、鋼筋木塊，左鄰右舍凝聚在一起，共同清理環境、順暢交通，讓景觀慢慢復原。

## 香積站首日開張，暖胃又暖心

「以工代賑」的行列中，有十位受災民眾投入香積飯的烹煮，因為五月三日這一天，慈濟香積站正式啟動了！從此每天供應三百五十戶，約一千八百人次的午餐及晚餐，讓受災鄉親能吃到熱騰騰的食物，獲得溫飽。

搭起的帳篷下，大鍋快炒、烹煮食材，一瓢又一瓢的香積飯吸引目光，民眾聚集過來，有熱騰騰的香積飯果腹，受災鄉親既暖胃，又暖心。

慈濟香積站的設立，除了供應熱食外，也是一種愛的「培訓」。由印尼慈濟志工細心教導以工代賑的香積志工，煮出美味可口的香積飯，讓受災鄉親學習付出，並親手為其他鄉親送上熱食。這個動作，意義非凡。

從手心向上，到手心向下；從暖胃的香積種子，進一步成為暖心的善種子，藉此培訓尼泊爾當地人成為本土志工，期望善行善舉在地開枝散葉。

以工代賑的香積鄉親紛紛表達感謝，對於震後許多人流離失所，在沒有食物、衣服和所有一切的情況下，生活苦不堪言。現在每天能有熱食果腹，而且有機會和慈濟人一起合作準備，他們都覺得自己不能袖手旁觀，「我們想要在這裡幫忙大家，擔任志工盡一己之力。」

第一線的賑災醫療團隊在地救援尼泊爾，全球慈濟人的關懷也同步陪伴。為表達對尼泊爾人民的祝福，慈濟基金會自二〇一五年五月三日起一連六天，發起「為尼泊爾祈福．全球萬人連線．禮拜法華經會」，每天晚上七點三十分至九點，在全球各地靜思堂、慈濟聯絡處禮拜《法華經》，共有美國、加拿大、馬來西亞等十個國家地區、兩百四十六個共修點，在拜經之後，同聲「為罹難者祈禱、為受災民眾祈福，也感恩現場救難人員。」

救難人員所在的現場，是一個死亡人數逾七千人、房屋毀損達十三萬棟的現場。證嚴法師談及尼泊爾境內，矗立著許多佛教寺廟，其中不乏超過千年的古建築，卻禁不住這次大地震，紛紛毀壞破落，即使梁柱尚在，也成了危樓。證嚴法師藉千年古建築，再一次揭示天地萬物歷經「成、住、壞、空」的不滅定律。

## 【上人開示】

◎千年建築，在地球上是千年的「住」，但是破「壞」之後，再經過一段時間，這些殘瓦都會被清理掉，一切歸之於「空」，這不就是「成、住、壞、空」嗎？

# 08

# 在空中接力

簡陋拼接的帳篷下，居民席地而坐，重災區裡的日子，連最基本的民生底線都無法企及，一天當中有兩餐，必須依靠國際慈善團體幫忙解決。

強震後家園傾毀，居民無法炊煮，加上食物供需來源失衡，用餐問題是當地最現實的困難。根據聯合國世界糧食計畫署（WFP）統計，約有一百四十萬人缺乏足夠糧食。

## 印尼人道救援軍機緊急出動

慈濟第一批賑災藥品隨機順利抵達，但接著香積飯、毛毯等救難賑災物品的運送，卻遇到困難。如何將來自全球的愛心，順利輸送到災區，慈濟正面臨一大考驗。

根據賑災醫療團勘查了解，災區物資嚴重短缺，亟需快速運送以解燃眉之急。然而臺灣和尼泊爾沒有邦交，飛機也無法直接降落當地，慈濟印尼分會得知後，立即提出與印尼軍方（TNI）合作的構想，啟動緊急運輸方案。

慈濟印尼分會與印尼軍方的合作案，緣於印尼慈濟志工長年在當地推動慈善、賑災、環保教育、人道救援，貢獻卓著，備受印尼政府肯定。二〇一四年五月十九日，印尼軍方主動邀約慈濟印尼分會簽訂合作備忘錄，在往後三年，雙方就賑災、人道救援、環保及教育等方面，進行合作。

多年來，慈濟一直與印尼軍方保持良好合作關係，無論在賑災、發放或義診活動中，都藉助軍方力量進行充分合作，讓援助工作在最短時間內發揮最大效益。

印尼軍方指揮官穆爾多科上將曾經說過：「慈濟基金會對印尼社會所付出的實際行動，已明顯改善民眾生活，加上實業家也投入在整治紅溪河的建設上，包括蓋千戶以上的大愛村等等，我覺得慈濟基金會與印尼軍方，我們擁有共同的使命。」

穆爾多科將軍把慈濟比喻成一片海洋，接收來自各方的河水，慈濟的四大志業與印尼軍方有共同目標，簽署合作備忘錄後，印尼軍方將與慈濟並行落實四大志業。

## 臺灣出發，印尼接力

依照這份備忘錄的精神，在此次尼泊爾賑災中，慈濟十三噸賑災物資，包括四月三十日透過華航由臺灣運抵印尼的賑災物資，以及印尼慈濟志工所準備的醫療物品、淨水器、塑膠地墊等，五月一日即由印尼「人道救援」軍機載運，飛往尼泊爾。

印尼軍方急難救助負責人楊昌耀表示：「現在臺灣慈濟賑災醫療團已經在當地勘查過災區所需，包括骨釘、帳篷、福慧床以及食品等，那是最重要的必需品。他們告知我們以這些優先，雖然空間有限，只能運輸十三噸物資，但我們會盡全力帶更多過去。」

印尼慈濟志工一行十四人由陳豐靈領隊，準備搭乘印尼軍機由雅加達出發。在臺灣，為了讓救援物資順利登上華航貨機，慈濟基金會同仁及志工日夜不停準備，證嚴法師感恩所有人的投入，「在印尼，也有一大群菩薩在整理物資，從晚上十點一直忙到凌晨。華航貨機到了，卸貨、轉到軍機場裝上軍機，載到目的地，真的很感恩。」

軍機在五月一日一早從印尼起飛，飛行三十一個小時，先後停留棉蘭、曼谷及孟加拉等地加油，最終平安抵達尼泊爾。

「這架軍機也帶去我們的同仁，還有三位大醫王，增加了醫療的力量，真是振奮人心。載去的帳篷，還有無菌開刀房……帶去很多希望。」證嚴法師感恩印尼軍方，因為當地很多病患傷患缺乏病床，「期待這部軍機載去的福慧床，可以讓他們不必再躺臥地上。當地一直在下雨，身有傷病，又溼又冷，真的很苦啊！」

## 靜慮思惟，支援前線

聯合國公布尼泊爾首都加德滿都與重災區巴塔普最新空拍畫面——強震當天，巴塔普王宮廣場古蹟瞬間坍塌，遊客驚叫跌倒；車水馬龍的加德滿都街頭，機車騎士摔倒、三輪車被倒塌牌樓壓住，熱鬧的市區只剩斷壁殘垣……

證嚴法師說，這正是兩千五百多年前，佛陀苦口婆心希望大眾了解人間無常，國土危脆。「現在科技發達，已經可以從空中看到震後的山崩地裂，裂痕一百二十公里長，就像挖出一條長溝一樣，可見其嚴重性。這種天地威力之強，我們千萬不要認為人定可以勝天。」

每個災難現場都充滿不確定性，慈濟在全球五十個國家設有分會，但尼泊爾沒有慈濟志工，成為在這裡救災的最大困難。以此次賑災而言，運用跨國慈善力量，與其他慈善組織交流資訊，協調彼此合作或互補的空間，是賑災任務必要的路徑。能夠在災後第六天即透過印尼軍方輸運大量物資，這都得力於全球愛心強大的連動系統。

國際愛心不斷，物資源源不絕送抵尼泊爾，然而許多貨物卻都囤積在機場無法通關。證嚴法師在志工早會中提及，賑災物資的提供要合乎實際、合乎當地口味，這也代表著一種尊重的態度。

「記得一九九九年土耳其地震，慈濟人賑災在提供食物前，都先去了解他們喜歡的口味。伊拉克戰爭時，難民逃到約旦，慈濟人也認真探討伊拉克人喜歡什麼口味，還請在臺灣的伊斯蘭教長試吃，這就是尊重，否則辛辛苦苦把物資運到了，卻不符居民的飲食習慣，可能這些食物都會糟蹋掉。」

雖然機場有眾多貨品，但可供利用的物資卻不多，外地人捐贈的食物對當地人不一定很適合，再加上當地國情對通關限制嚴格等，都會影響到急難救助的進度。

因此，證嚴法師慈示大眾，做任何事情都要「思惟修」，思惟修就是禪定，但這不是坐在那裡如如不動，而是思慮清楚分明。「現在最重要的是要人人覺醒，去除無明，好好的『思惟修』。專業者走到前線去，後援者思慮清晰為他們鋪路，準備需要的物資，規劃前進的路線。如何才能讓物資順利到達，這都是後援者需要『思惟修』的重點，而這就叫『禪定』、『智慧』。」

如何真正幫助這一波苦難人，確實有許多難題必須深入思考。證嚴法師嘆言：「期待有形的道路通暢，讓救援物資早日運抵災區；人人心路通達，讓受災民眾早日得救。」

## 【上人開示】

◎「思惟修」就是禪定；有禪定的功夫，就有智慧。思惟縝密，明辨是非、智慧明朗，才能應眾生所需而給予。

◎菩薩道是一條覺悟的道路，要放寬心胸與眼界，做利益天下人之事。

# 09

# 帳篷是我家

包括醫師在內的十五位印尼慈濟人，五月一日清晨搭乘軍方人道救援專機，運送帳篷、香積飯等大批賑災物資，經泰國曼谷、孟加拉達卡，二十小時後抵達尼泊爾，為災區帶來愛與希望。

震後第十天，尼泊爾政府正在呼籲國際捐贈帳篷、帆布及米糧等物資。

## 每一天的流浪

強震之後，帳篷區陸續出現，猶如從土地裡長出的一朵朵蕈菇，形形色色鋪展開來，奮力要站穩生存的腳跟。

居民用薄薄的塑膠布和參差不齊的竹子搭起克難的帳篷，棲身空間相當狹窄，泥地上鋪著毛毯或紙板，沒有隔間，沒有廁所，沒有浴室，一家數口就這樣將就度日。

白天陽光一曬，室內溫度昇高，空氣凝窒悶熱。偶爾一陣風吹起，漫天灰塵和遍地垃圾，四處飛揚。突然一陣雨落下了，帳篷內立刻淹水，居民一邊緊張地在帳篷外挖排水溝，一邊拿餐盤當杓，把水一點一點舀出去。甚至有一天還降下冰雹……

頭頂上的塑膠布擋不住強風，腳下都是瓦礫、碎片、汙泥，幾乎沒有一片平坦立足之地，生活其間十分艱辛。

餐風宿露的日子，一天一天向前流動，居民的腳步也日日流轉於帳篷區裡，像一支短程的流浪隊伍。用餐時，走出自家帳篷到慈善機構供餐的地方，依序等待裝盛食物。取水時，走到外頭特定的取水區，許多人用廢棄寶特瓶裝水，用過即丟帶來垃圾問題。就算有塑膠容器的人，一天也得來回好幾趟，才有足夠的水可用。

清洗時，鄰近的小溪流成了最佳選擇，大家各自找好位子，有人洗澡洗頭，有人刷洗衣物、毛毯。一彎還算乾淨的小河，在震後意外地承載了許多人洗洗刷刷的滌淨任務。

家毀了，重建路遙遠，生活還是得努力過下去。然而令人擔心的是，尼泊爾雨季即將在五月底來臨，居民克難搭蓋的小帳篷，怎能抵擋得住又急又大的雨勢？

幫助當地民眾度過這一個濕熱的雨季，正是慈濟賑災醫療團當前的一大挑戰！

## 帳篷之下無國界

五月四日這一天，慈濟志工為巴塔普「曼索里帳篷區」的居民帶來一份禮物——大型帳篷。這批由印尼軍機空運而來的軍用帳篷，長十四公尺，寬六公尺，內部空間二十四坪，一座帳篷可以容納六個家庭。

三位慈濟志工帶著當地招募而來「以工代賑」的十位鄉親，一起合力搭建，仔細確認內部結構後，帳篷完成了，棲身簡陋帳篷的居民，隨即拿起家當，一一入住。

移居入住的民眾，都覺得大帳篷寬敞舒適許多，空間比較不悶熱、結構更牢固，不用擔心漏水問題，紛紛表達由衷的謝意。

在同一個基地工作的紅十字會人員也前來觀摩；慈濟志工將其中一頂帳篷提供給世界展望會，讓工作人員帶著孩子，圍坐在寬敞的帳篷裡互動。

曼索里的這片大廣場，地震前是附近民眾運動休閒的場所，而今矗立著二十五座大型軍用帳篷，成為四百戶、一千八百人的臨時社區。廣場上不僅有慈濟帳篷，也有中國扶貧基金會提供的一些小型帳篷。

帳篷區居民一天兩餐，上午由中國扶貧基金會負責，黃昏則由慈濟接替協助。尼泊爾人飲食簡單，基本上只要一盤拌有馬鈴薯的咖哩飯、一碗豆湯就足以填飽肚子。

一座座草綠色的慈濟大帳篷，輝映著遠處的青山、高處的藍天與白雲，改變了帳篷區原本的生活。

## 【上人開示】

◎這是一個及時的大突破，由印尼軍機協助慈濟運送到尼泊爾的帳篷，已經牢固地搭建起來了。生活空間比較寬敞舒適，等待多功能的福慧床再運抵，就能更進一步改善居民的生活狀況。

◎看到棲身於帳篷的民眾，免於風吹雨淋，並且享用現泡香積飯，真的很感恩慈濟人發揮「誠之情誼」，貼近受災民眾需求，及時伸援。

# 10

# 田中央、大樹下、麥浪間

五月四日，尼泊爾強震進入第十天，醫療團進入轉換期。骨科的手術作業已告一段落，所有團員都轉換為行動醫療，也因此讓團員們見到開刀房外的尼泊爾災況。

曾參與印尼日惹賑災義診的大林慈院副院長簡瑞騰，對於災後的克難環境並不陌生，從接獲第一梯醫療團傳來的消息——當地有大量骨折傷患等待手術治療，簡瑞騰即囑咐大林慈院開刀房同仁準備手搖骨鑽、老虎鉗與骨科手術相關器械，率領以骨科為主的第二梯賑災醫療團從臺灣出發，要搶在骨折治療的黃金時間裡，讓傷患得到最妥適的醫治。

## 起身離去的表情

走出開刀房，深入受災偏鄉，五月四日上午的行動醫療站，是前往巴塔普的鄉間小村落塔拖理（Tathali）。從大馬路轉入小徑後，觸目所及是層層小麥梯田，收割後滿肩麥穗的農婦，踽踽走在田徑中。

車子尚未停妥，村民已一湧而上，簇擁著往帳篷區中最完好的一個帳篷。但是病人實在太多，帳篷顯然太小，村民馬上轉移陣地，從田中央的袖珍帳篷，移往樹下一個較大帳篷。設好診療區，帳篷外已經大排長龍。帳篷內正中央擺放兩張小桌子，四位醫師各據一方，各有一位熟悉尼泊爾話的護理師或護理系學生，協助翻譯。

病人不全是受災民眾，也都不是大毛病，而不論是腰痛、頭痛、筋骨痠痛，或是感冒、發燒、流鼻水，每個患者看完醫生拿到藥，起身離去時那種滿足歡喜的表情，令醫療團隊難以忘懷。

光是一個上午，居然看了兩百三十五位患者，藥物供不應求。回到飯店補充藥品後，下午的行動醫療點是Aakando。

路邊依然是待收割的麥田，依然是層層金黃色的美麗麥浪。陪同前來的當地醫師尼爾說起，現在正是農人趕著收割小麥的時期，以便在七月雨季來之前種下水稻秧苗。

一路行來，小徑狹窄，路況極差，還好司機技術高超，車子順利停在一間民眾群聚的房子前。原以為此處災情不大，不料看診者源源不斷，甚至需要圍起繩索，維持診區不受干擾。

短短不到兩個小時，竟也看了一百一十三位病人。後來才知道，就在距此幾百公尺處，有一整區六十多間房屋全倒或受損，當地多是貧窮的佛教徒農民。

## 義診人數破紀錄

地震後，慈濟是第一個前進這處偏鄉提供醫療協助的團體，村長及當地意見領袖頻頻向率團前來的簡瑞騰握手致意，感恩醫師及時到來。由於是臨時通知，很多村民不知道有義診，因此簡瑞騰也向村長承諾，會安排下一梯行動醫療團再來一趟。

一路顛簸回到飯店時已近晚間八點，簡瑞騰一到飯店，馬上奔到頂樓藥庫整理藥品，心想著明天必須再多準備，才不致出現彈盡糧絕的窘境。

光是兩個行動醫療點就看了三百四十八位病患，比起三天開了十幾臺的骨科手術，簡瑞騰覺得好驚人！相較之下，深入災區，親眼目睹受災民眾生活狀況及就近關懷提供醫療服務，意義更為不同。

## 【上人開示】

◎見驚世災難，要起警世覺悟；見人生苦難，要啟發無私大愛。有能力救人，代表自身平安健康；所以，能助人的人，就是有福的人。

◎有清楚的思想、觀念與行為，就不致人云亦云，陷入迷惘。日日勤付出，發揮智慧救助苦難，時時忙得輕安自在，不受煩惱無明困擾，就是修行的真功夫。

# 11 愛的衛星定位

五月六日，第三梯慈濟賑災醫療團在臺灣時間下午一點五十五分，搭乘直飛尼泊爾的班機出發，團隊成員來自馬來西亞、新加坡以及臺灣，共有四十一人。

有別於前面兩梯，第三梯成員陣容首度加入護理人員及藥師，並有來自馬來西亞及新加坡的醫師加入。除醫療人員外，還包括兩位大愛臺工程人員，帶著衛星即時發射訊號設備，讓隨行記者可以即時傳送最新的新聞畫面。

## 承先啟後愛延續

第一與第二梯次賑災醫療團，歷經重重關卡與困難，終於為援助尼泊爾開出一條路。「凡事起頭難。把握因緣，做就對了！」證嚴法師感恩大家歡喜付出，耐心溝通、交涉賑災與義診事項，克服重重障礙，讓醫療團就地發揮妙手妙法的良能。「在災後殘破的地區展開義診，必須踏過遍地瓦礫、坎坷不平的道路，可謂步步艱鉅。感恩大家從無到有，踏實走出一條道路，又將這條路鋪得平坦，讓後來的人能順利通過。」

與尼泊爾賑災醫療團進行視訊會議，證嚴法師慰勉團員守護受災民眾的辛勞，囑咐大家要注意身體健康，相互支持、彼此照顧。「若非出於大愛慈悲之心，甘願救苦救難，實在難有這份氣魄勇往直前。大家以人與人之間的真情，走出人類的歷史足跡，要用心譜寫這段寶貴歷史。」

證嚴法師以佛陀事蹟，為眾人挹注心靈能量。歷史回溯到兩千五百多年前，佛陀誕生在王宮，自幼展現智慧與氣度；當時印度種姓制度分明，尤其四姓階級最底層的首陀羅，生活在貧苦、受人輕視的環境，世代子孫無法走出貧賤的命運。

年輕的悉達多太子看到此現象，感覺人間矛盾重重，加上生、老、病、死之苦，讓他思考人生價值。為找尋答案，他毅然出家修行，專心探討宇宙真理；直至因緣成熟，夜睹明星而覺悟成道。

「佛陀是人，是覺悟成道的聖者。要以尊敬心『聖化』佛陀，莫以迷信心『神化』佛陀。」證嚴法師強調「信為道源功德母」，學佛要提起信心，還要有正信。「要深入佛法真理，學智慧；莫追求飛天遁地神通，學迷信。道心堅固，才能用心專注。」

## 邊鋪邊走，因緣成熟

趙有誠在分享偏遠災區狀況時，提及「還有很多民眾急需物資和救援，有村民告訴我，更深的山區裡，還有無人聞問的受災民眾等待援助……」趙有誠的掛念，全靠第三梯次功能齊全的團隊接著前進災區，把最需要的醫療、物資和關懷送到民眾手上。

第三梯領隊黃秋良表示，此行主要工作正是為首次的大型發放做準備。「大約有七千多戶的發放，我們要來做規劃跟整合，在所有物資全部到位之後，開始發放工作。另外還有回訪大愛村、訪視關懷等，都是我們第三梯次最重要的任務。」

此梯成員裡，首度加入護理人員及藥師，賑災團成員葉添浩醫師說：「有護理人員加入，我們在進行治療上會更有默契。在運作上，每個專科可以做自己本分的事情，就能服務更多的鄉親。」

除醫療服務外，大愛臺兩位工程人員也在行列之中。大愛臺科工部訊號傳輸組長胡德明說：「衛星有一定的在地球同步的軌道，我們要對準那一顆衛星，所以到當地除了架設設備，找到電源之外，同時也要尋找衛星方位，只要對得到相關的衛星，就可以把訊號傳回臺灣。」

證嚴法師在與賑災醫療團進行視訊會議時，既肯定也叮嚀，「尼泊爾賑濟之路邊鋪邊走，因緣逐漸成熟，坎坷路較為開闊平坦；仍要謹慎用心行走，早日拔除受災民眾苦難。」

新加坡人醫會（詳見第三十七章）醫師馮寶興，正好在尼泊爾災區度過生日，有感而言，慶祝生日最好的方法，是將生命運用得更有價值；這趟賑災義診行，是他最期待的生日禮物。

**【上人開示】**

◎身處平安之地，不只要惜福，還要發揮愛心再造福。能救人的人，就是最有福的人。

◎真理無形無相，卻無處不在；心與理相合，就是「覺悟」。

# 12 在佛陀的故鄉，浴佛

「天上天下無如佛，十方世界亦無比；世間所有我盡見，一切無有如佛者。」莊嚴的〈讚佛偈〉唱頌聲，從「曼索里帳篷區」悠揚傳出，巴塔普的天空下，此刻，正沐浴在一片虔誠的音韻中。

## 有如與佛同世

二〇一五年五月十日，正逢臺灣的佛誕節、母親節、全球慈濟日三節合一的日子，全球三十多個國家地區的慈濟人，就地舉辦三百八十八場浴佛典禮；而正處於滿目瘡痍中的尼泊爾，首度與全球慈濟人同步虔誠禮敬、感念佛恩、膚慰苦難。

當慈濟標誌的橫幅，在距離臺灣三千六百公里之遙的尼泊爾掛起，高懸的是佛教兩千五百多年來，時空傳遞的綿延之線。佛陀出生於尼泊爾南部的藍毘尼園，足跡行於印度半島這片土地上，求道、成佛、傳法。佛法東傳至中國大陸再到臺灣，如今，臺灣慈濟因賑災因緣，回到佛陀誕生之地，在居民多已信仰印度教的國度，再現對佛陀的崇仰感恩、至誠禮讚的浴佛儀軌，意義非凡。

災後物資闕如，要如何備辦浴佛？賑災醫療團隨機應變，以清淨透明的玻璃器，鋪排著香花，恭敬供上由馬來西亞請過來的宇宙大覺者，雖然浴佛臺布置簡雅，但道氣十足。一場樸實而寓意深刻的浴佛典禮，在克難中更顯莊嚴。

浴佛儀式象徵的意義，在於感念覺者降臨世間。〈浴佛偈〉云：「我今灌沐諸如來，淨智莊嚴功德海，五濁眾生離塵垢，同證如來淨法身。」證嚴法師詮釋，意即浴佛時以香湯灌沐佛身，同時祈願五濁惡世裡的眾生，能以佛法洗除無明煩惱，增長智慧。

灌沐佛身，其實是在淨化自身。眾生本就具有與佛同等的佛性，只要把五濁染汙的煩惱洗除，自然能與佛陀一樣，證得清淨無染的法身。

佛陀從出生、成長、出家修行，直到覺悟、說法，以人間的一生，示現人人皆有佛性、都可以修行成道。「佛陀已經離世兩千五百多年，法身仍在人間；只要學佛者以虔誠心體會、運用並傳揚佛法，即如與佛同世。」證嚴法師說，佛陀法身，即無形無相的真理，「慈濟將『宇宙大覺者』塑造成在虛空中膚慰地球的形象，象徵著『法歸虛空，落實人心』，更包含『以佛心為己心』的概念。」

## 禮佛足，接花香

在〈靜寂清澄〉的樂聲中，第三梯次醫療團團員是虔誠的獻供人，手捧燈燭及鮮花，步伐莊嚴，一步步走向浴佛臺，禮敬供養諸佛菩薩。

獻上燈燭，虔誠一念感恩覺者降生，人間有如明燈照臨。

獻上花香，佛法馨香正在薰陶這片苦難大地，普潤眾生。

慈濟志工帶領當地居民整齊列隊，一排排等待一起禮佛足、接花香。

禮佛足，是佛世時對佛陀至高無上的禮敬，即以自己的額頭去禮敬佛陀雙足，這樣的形式傳衍至今成為「頂禮」。

接花香，花香象徵佛陀的德香、法香與心香，人們接承花香，留在自己心底，以此祝福吉祥，眾生離苦得樂。

現場所有人都安安靜靜依序浴佛，手觸清水，躬身禮敬佛像之足。能在這片兩千五百多年前佛陀雙足走過的大地禮敬佛足，殊勝因緣，亙古足音不遠，就在至誠一念間。

眾人禮敬後，慈濟志工給受災居民一個深深的擁抱，心與心的貼近，已不需多言。

這一天前來參與浴佛者，除慈濟志工、當地官員、六十位以工代賑鄉親、帳篷區民眾等共襄盛舉外，還有來自藏傳佛教天龍喜悅輪尼院的兩百位比丘尼，親臨會場。

天龍喜悅輪尼院是嘉旺竹巴法王在尼泊爾所創立，發生強震後，慈濟人踏進尼泊爾展開醫療與慈善工作，感動了竹巴法王，法王特地邀請寺裡的兩百位僧侶，共同前來沐浴佛恩。

## 跟著佛陀的腳步

雖然有別於當地的浴佛儀式，信仰印度教的鄉親不清楚佛教儀軌，但同樣雙手合十，至誠浴佛。在祈禱歌聲中，大家一起虔誠為災區祈福，民眾都感到歡喜而祥和。

尼泊爾前科技部長卡夏・曼・釋迦也前來參與浴佛，有感於慈濟志工千里迢迢、幫助同胞，卡夏・曼・釋迦說：「一百萬家庭受災，慈濟帶著善良的心來到這裡，特別是慈濟所來到的巴塔普，正是受災最嚴重的地區。」

美聯社、路透社、法新社與十多家尼泊爾媒體，以及三家泰國媒體，亦到場採訪慈濟在此舉辦的浴佛典禮。大愛電視臺更是全程轉播，與全球慈濟志工同步浴佛，將眾人對尼泊爾這片土地上廣大苦難蒼生的虔誠祝福，上達諸佛菩薩心……

有一位翻譯志工向慈濟人說：「慈濟走的就是佛陀大慈大悲的腳步，而尼泊爾佛教徒也很努力地在跟著佛陀的腳步，一步一步地走，大家都是跟著同一個老師，沒有派別之分。」

這是慈濟第一次在佛陀的故鄉，大家一同禮佛足、接花香，祈求尼泊爾受災民眾能夠平安吉祥。慈濟基金會同仁陳濟任說：「今天除了慈濟人在佛陀故鄉浴佛之外，我們的使命就是要讓不只有以工代賑的志工，更要讓受照顧的帳篷區民眾都一一前來浴佛，這是我們最大的使命跟目標。」

能夠引領不分種族、國度的人一起虔誠禮敬，彼此的心沒有距離，這對賑災團而言，意義重大。證嚴法師十分讚歎：「這就是說法，以身體力行在說法，用行動把佛法帶回去。在當地，不論是印度教、佛教、或是神父，不同宗教間相互尊重，大家虔誠一起浴佛，行禮如儀，讓人感動。」

佛教旗幟與慈濟標誌飄揚風中，在佛陀的故鄉，在佛陀誕生的日子，慈濟志工陪伴扶持佛陀國度的子民，以愛撫平震災傷痛。

正如證嚴法師所言：「浴佛是在前天、昨天、今天，也是未來長久永恆的歷史，這歷史不只是一年一度，而是日日時時、分分秒秒，時刻都在我們的心中，不斷地祥和心靈！」

置身佛陀國度的每一日，一如浴佛的一日，日日時時，跟著佛陀的腳步。

在佛陀故鄉尼泊爾首次浴佛的這一天，也正是慈濟圓滿了一路走來的四十九年，「明天開始，慈濟就邁入第五十年。」證嚴法師期勉全球慈濟人，走過半世紀的慈濟路，要更加堅定道心。「祝福大家信根深植，福慧雙修——佛在心中，法在行中；走入人群，與眾生結好緣，造福人間。在人群中鍛鍊智慧，增長慧命。」

**【上人開示】**

◎能在佛陀的出生地為受災民眾付出、舉辦浴佛典禮，因緣殊勝難思議。走入苦難地，體會苦、空、無常之理，當下就是修行的好道場。要提起「無我」之心付出，用心莊嚴道場，且帶動更多人願意付出，成就人間菩薩。

◎因為有佛教，才有慈濟這一個團體，期待人人不分宗教、不分種族，將佛陀的愛遍灑在社會每一個角落，合所有人的力量，一起為人間付出。

◎近半世紀以來，全球慈濟人以「佛心」力行菩薩道，為眾生救苦救難，將佛法落實在人間。期待人人恆久保持此刻的虔誠與專注，將真理納歸於心，把握當下造福人群。

# 13

# 發諸至誠，放入人心

慈濟首次於尼泊爾的大型物資發放，在二〇一五年五月十日至十二日接連三天舉辦，首場於曼索里帳篷區發放米、油、糖及盥洗用品，共計兩千兩百一十八戶。第二場於五月十一日在格巴大學（Khwopa College）進行，發放一千六百二十六戶。第三場則是五月十二日在巴普塔市政府舉辦，受惠家庭約兩千戶。

## 「聯合國」陣容的物資發放

慈濟馳援尼泊爾十多天以來，除了在強震災區提供醫療協助與關懷行動外，同時規劃大型物資發放。

志工劉濟雨說：「物資的發放、集結、採購、安置、發放動線等，都非常複雜、非常困難；尤其在短時間內要做這些事情，再加上同時舉辦浴佛，所以面對的變數是非常的多。」

在物資籌備方面，慈濟志工考量物資從臺灣送到尼泊爾，船運太慢，空運載物又有所限制，於是決定直接在當地採購發放的物資。

經過幾天奔走採購，志工商請當地商人幫忙，也走遍加德滿都大大小小的量販店，終於備好所有物資，包括油、米、生活包等。

為期三天發放的滿滿物資，全賴志工辛苦購得。饒金華分享採買的困難：「因為我們要買的物資很多，一個超級市場沒有那麼多貨品，所以我們必須到五個甚至十個超市才能買足。」

物資在當地採買十分困難，連發放地點也基於安全考量而變動，幸好與當地市政府配合得很好，共動員近四百位以工代賑的鄉親協助發放，尼泊爾軍方也出動維持秩序，進行人數管控，再加上來自臺灣、馬來西亞、尼泊爾的本地志工，以及隨軍機前來賑災的印尼軍醫，堪稱是「聯合國」陣容的大型物資發放。

## 人類之愛的啟發，內在之光的綻放

發放名冊高達兩千八百戶，等著領物資的排隊人潮綿延數百公尺，在軍警維持秩序下，仔細核對身分後，受災居民依序領取物資。

肩上扛起三十公斤大米、手裡再提一包生活用品，身體負荷不了的，志工會主動幫忙。受災居民說，「我房子已經倒了，住在帳篷裡，拿到這些物資我很開心。」

有一位身形瘦小的媽媽，獨自帶著五歲的兒子前來領取物資，她一手牽著孩子，同時拿著生活包；另一手還得抱著大米，幾乎被物資壓得彎了腰。在一旁引導動線的慈濟志工見狀，立即將她手中的大米接過去扛在肩上，陪著她和兒子走路回家。

有的受災居民想問，慈濟志工為什麼願意來？而且還提供物資？他們手中握著證嚴法師的慰問信時，當下明白這一切真是得來不易。受災居民蘇里達讀誦著慰問信：「四月二十五日驚聞尼泊爾，發生芮氏規模七點八強震，地震發生第一時間，證嚴始終惦記著大家的安危……」

發放現場，許多民眾帶著笑容，滿載而歸，他們領回的沉甸甸物資，每一份都有全球慈濟人深厚的情誼。當地大雨不斷，除了影響發放進度外，也影響當地居民的生活。以工代賑居民看到帳篷區積水，在雨後主動協助慈濟志工一同將沙土填滿積水，好讓受災民眾有個安身之處。更有一些熱心居民，從附近倒塌的房子找來破碎的磚塊，希望趕在天黑前能重新搭好帳篷，讓他們晚上可以安心入睡。

發諸至誠，放入人心，發放的不只是物資，更是人類之愛的啟發、內在之光的綻放，當地鄉親所展現的互助，這份愛的力量與行動，正是尼泊爾的一股復甦希望。

## 關懷未曾停歇

「佛教慈善團體在首都」，斗大的標題落在尼泊爾當地最暢銷的英文報《喜馬拉雅時報》上，慈濟在尼泊爾發放、義診的行動，受到尼泊爾當地媒體的注意。

在《喜馬拉雅時報》的報導中，除了介紹慈濟是全球性的非營利組織外，並描述慈濟在最短的時間內成立「慈濟賑災協調中心」，同時派遣「賑災醫療團」提供受災鄉親醫療與手術服務的歷程，也強調「關懷未曾停歇」。

此外，尼泊爾文第一大報《加德滿都郵報》亦有大篇幅報導。美國聯合通訊社（Associated Press，簡稱美聯社）也在五月十日的報導中，特別提到國際性組織慈濟基金會在尼泊爾地震災區，提供鄉親米糧、食用油、牙膏、牙刷、毛巾等生活物資。

## 【上人開示】

◎慈濟在尼泊爾賑災，前線關關困難、關關克服；後勤籌備物資、研究各種運輸路線、全面蒐集相關資訊，也是分秒不空過。這些都需要「思惟修行」──清楚思考，之後付諸行動。

◎「思惟修」就是禪定的力量，堅固而不受染汙——縝密思惟、明辨是非，就不會受外境影響，人云亦云信以為真，或陷入迷惘，造成心的波動。

# 14 再度強震七點三

「碰」的一聲巨響，曼索里帳篷區前方的一棟房屋，在劇烈的天搖地動中，轟然倒塌！漫天黃土飛揚，林間鳥群傾巢高飛，遮天蔽日。

尖叫、嚎哭，驚恐四起，民眾拔腿狂奔逃出戶外，慈濟志工也拔腿狂奔，奔向驚慌失措的鄉親，擁抱老弱婦孺，陪伴膚慰。

巴塔普健康照護中心緊急電呼，慈濟賑災醫療團醫師賴俊良立即進入，與當地護理人員一起醫治傷患；醫師葉光庭也馬上為一位手指受傷的婦人，進行縫合手術。

**地牛翻身那一刻**

這一天是五月十二日，尼泊爾強震後第十八天，這片受傷的土地，在臺灣時間下午兩點五十分，再度發生芮氏規模七點三強震，震央在距離加德滿都不到一百公里的南崎巴札（Namche Baza），地震深度只有十公里，屬於極淺層地震。

地震發生當下，慈濟團隊正在發放物資，親身感受到強震威力，連站都站不穩。現場一片混亂，帶著孩子衝出帳篷外的婦女，倉惶無助地站在空地上痛哭。

一位媽媽哭喊著「我的兒子」，原來她的兒子在那一聲巨響倒塌的方向，後來更因為憂傷驚慌導致體力不支休克。

民眾抱著孩子雙手貼地，嘴裡不斷發出哦哦聲，像似安撫「地牛」莫翻身。路邊可以見到父母親寧願讓嬰兒在大太陽下睡覺，僅用一條汙穢的棉被為嬰孩遮陽，也不願意在地震後讓孩子獨自留在帳篷內。

一位原本神智喪失的老奶奶清醒後，突然哭了起來，揹著奶奶來的軍人著急又擔心，慈濟志工羅美珠緊握著老奶奶的手說：「哭出來就好！哭出來就好！讓她哭吧！」

巴塔普區健康中心三層樓建築物受到劇烈搖晃，護理學生奔逃到門口，驚慌不知所措。隨團採訪的大愛臺同仁，剛好就在這棟大樓裡製作新聞，等待劇烈搖晃過後，立刻協助護理學生疏散，前往一樓空地避難。在有需要的時候願意伸出雙手，人人都是拔苦救難的菩薩。大愛臺同仁同時也在強震發生的第一時間，立刻用鏡頭記錄，在飯店無電力供應的情形下，蹲在戶外階梯上克難發稿，把來自災區的第一手最新畫面與訊息，傳回臺灣。

## 菩薩的擁抱

消息傳回臺灣，同此時間，正逢慈濟四十九周年慶，證嚴法師正在為大眾開示。「我才講完話，照片很快就傳回來了，其中有一張照片很感動，我們的慈誠菩薩，趕快緊緊地抱著嚇哭的孩子，那樣貼心地緊緊抱著，真的是『菩薩所緣、緣苦眾生』。」證嚴法師在後來回顧這個時刻，「這一波的地震，剛好慈濟第三梯次的賑災醫療團在當地，地震時候正好在發放，大醫王、慈濟菩薩們就趕快投入療傷的工作，及時伸出雙手膚慰陪伴。看到了一個個的鐵漢，發揮了柔情的擁抱，那一種情景，真的是人心之愛無私的親近。在一片斷垣殘壁、瓦礫堆中，所看到的人心，那樣的燦爛光明、清淨無染，這種愛的付出，就是人間菩薩啊！」

證嚴法師以此提醒眾人，大地不調，人心驚慌，實在很不忍，人間需要無量無數的菩薩，「菩薩要救拔苦難眾生，慈濟宗門立下了這樣的弘願，眾生無邊誓願度，我們發心立願救拔眾生苦難，所以我們要修行。修行如同在鋪路，一步步、一分分、一寸寸，鋪出了一條平坦的道路，自己把路鋪好，讓後面的一大群人，可以跟著一起走過來，這就是菩薩。」

## 臨震不亂　愛灑人間

地震後，鄉親連帳篷也不敢進去，大家露天席地而坐，六神無主。

不忍鄉親在大地震後再次受驚嚇，慈濟人馬上在廣場上舉行一場愛灑活動，膚慰受災民眾所受驚嚇。

志工黃福全在愛灑活動前，先以〈一家人〉手語歌上場，柔軟的身段讓鄉親即使不懂中文也能明白，此時此刻要「親幫親，鄰幫鄰」，有緣聚在一起就是一家人。

「看到大家在帳篷區互相幫忙，我們很感動，這個時候大家更應該團結，付出愛心。」慈濟志工張文郎鼓勵大家，「慈濟人會一直陪在你們的身邊。」

邱國樑醫師、蔡佩珊藥師，以及志工們向鄉親介紹慈濟「竹筒歲月」，鄉親們都聽得非常感動。

當祈禱歌聲響起，大家沉澱心情，一起祝願家園平安，不要再有災害。

鄉親滿懷感動地說：「非常感謝你們提供的服務，我不再害怕，因為你們在這裡。」

## 【上人開示】

◎有心做好事，必須禁得起關關卡卡的考驗。慈濟人志為菩薩，只要想到了亟待援助的苦難人，就會提起毅力堅持，用「覺有情」的慈悲與智慧，設法通過難關。

◎靜思法脈與慈濟宗門，是一條專修菩薩行的大道；法脈宗門的未來，需要人人發大心、立宏願，用愛堅持。

◎四十九年來，所有慈濟人以愛鋪路，一步步、一寸寸地向前鋪展，鋪成一條接引大眾同行菩薩道的平坦大道。千千萬萬的感恩說不盡，唯能盡此一報身，將愛的能量回向於普天之下；期待人人追隨菩薩芳蹤，將佛陀教法代代傳承延續。

# 15

# 從臺灣，來到臺灣

拜訪尼泊爾薩拉衣（Sarlahi）的這個村落，慈濟志工遇見一位男孩。男孩好奇地問眼前這一群陌生人從哪裡來？慈濟人回答他，臺灣。

男孩一臉驚訝：「你們來自『臺灣』？怎麼可能？我們這裡就是『臺灣村』啊！」男孩的回答，也讓慈濟人感到驚訝。

以「驚訝」拉開序曲的這個拜訪，時間是二〇一五年五月十八日，地點是尼泊爾薩拉衣縣敘卡波卡里的「大愛村」，是慈濟為安頓一九九三年尼泊爾水患受災民眾所援建，距離一九九五年五月十八日大愛屋交屋日，已經整整二十年！

一別二十年，大愛村成了「臺灣村」，一旁的村民解釋，這是因為感恩慈濟。

## 別來無恙二十年

慈濟賑災醫療團在五月十八日至二十日，兵分兩路，由志工黃秋良、羅美珠帶領小組，重返尼泊爾南部薩拉衣（Sarlahi）、勞特哈特（Rautahat）、馬克萬普（Makwanpur）三縣，探訪一九九五年援建完成的四處大愛村共一千八百戶人家，關心鄉親在此次地震後的狀況。

路途遙遠，山高路險，尤其地震過後，落石、山崩，路況不佳，志工選擇搭乘飛機前往該處。證嚴法師在談及慈濟人的這趟關懷之旅時說：「這家航空公司叫做『佛陀航空』（Buddha Air），『佛陀』帶這群菩薩，以二十分鐘時間飛越山脈。菩薩群的嚮導是一位『釋迦』族後裔，他為來自臺灣的慈濟人帶路，回歸到二十年前啟用的慈濟村。」

在尼泊爾南部的錫馬拉機場（Simara Airport）落地後，隨即前往馬克萬普縣巴當波卡里等村落，探訪大愛村村民震後的生活情況。

薩拉衣縣敘卡波卡里的「大愛村」，是由慈濟人在此援建的五百戶大愛屋所組成，經過二十年後，住家或增建或整修，有的屋主加裝圍牆、鐵門，甚至粉刷得色彩繽紛。多樣性的變化，顯現各家各戶不同的風格與個性。

當地的八十五歲耆老拉切（Lapchan），仍記得藍天白雲的身影，當年他還參與過大愛村的立碑儀式。儘管現在眼前的慈濟人不是同一批志工，但九十度恭敬奉上毛毯的姿態，卻與當年的志工一模一樣；拉切收下志工的心意，負責翻譯的姆坤達，更拿起手中的寶特瓶向大家解說，這毛毯是由寶特瓶製作而成。

一九九五年，瑪格還只是一位十二歲的孩子，但她清楚記得是藍天白雲的團體送給她一棟房子，讓一無所有的她可以安身。多年來，她一直銘記於心。

瑪格說：「我很想知道是誰幫我們蓋房子，我想看看他，跟他說這次地震，大家都沒事。」

黃秋良拿出證嚴法師的法照，說明是證嚴法師的慈悲促成了大愛村。

她恭敬地向黃秋良要來法照，一路捧著回家；在佛陀法相旁，她把證嚴法師的法照供上，接著雙手合十，祝願證嚴法師身體安好，希望家人與孩子也要懂得感恩證嚴法師。「上人，我愛您。」她說著，眼淚奪眶而出，表達了最衷心的感恩。

相較於敘卡波卡里大愛村的自由與悠閒，以農耕為主的勞特哈特縣桑塔普大愛村六百戶大愛屋，現今已自行擴增至八百戶，人口約七千人，然而村民的生活仍受限於貧窮，不是所有孩子都能受教育。

村民薩奇（Sanjiv）告訴慈濟志工，當地經濟以務農為主，收入少且不穩定，外出打工是村民脫貧的最快方式，在外打工三年，回來可享受三十年，所以年輕人大都出外工作。

儘管生活條件欠佳，但起碼有屋子可以擋風遮雨，村內很多人認識慈濟，薩奇說，年輕的下一輩從碑文得知慈濟過往的事跡，而心懷感恩。

時隔二十年，慈濟志工重返桑塔普大愛村，也為鄉親帶來希望。慈濟志工邀集村民齊聚村內大樹下，聽取鄉親的生活需求，一一記錄下來，作為日後長期援助工作的評估依據。

## 回首來時路

回首一九九三年，尼泊爾豪雨成災，造成超過一千人喪生、四十多萬人流離失所；慈濟在三縣四地建了一千八百戶房屋，安置約一萬名受災民眾。

走過尼泊爾水患的賑災之路，許多慈濟人為受災民眾奔走募款，為推動每項行動而費盡心血。賑災人員捱過攝氏四十五度高溫，忍受過長途跋涉，更曾經餐風露宿，一路的坎坷崎嶇，備極艱辛。

一千八百戶愛心屋興建工程，在資源匱乏、貧窮封閉的尼泊爾，堪稱空前創舉，慈濟的願與力成就這不可思議的一切。當時的尼泊爾社會福利委員會副主席邦迪，在發放典禮中致詞表示：「臺灣佛教慈濟功德會秉承佛陀慈悲的精神，遠來尼泊爾賑災。如不是慈濟千里迢迢伸援，這麼多的貧苦民眾恐怕仍難脫離困境。」

佛教在尼泊爾已然式微，人民普遍無法區分印度教與佛教有何差別；而在慈濟賑災的過程中，不論尼泊爾的官員或百姓，都深刻感受到來自東方佛教團體的精神力量。官員也一再提醒民眾：這一切不可思議的愛與關懷，是來自佛教的力量，也正是誕生於尼泊爾的釋迦牟尼佛所傳的教法。

## 記得「藍天白雲」的制服

證嚴法師非常關切大愛村的狀況，他說：「我最記掛的是大愛屋是否因強震損毀。從新聞畫面看到，只有少數房屋牆壁出現裂痕，大部分都安然無恙，村民看到慈濟人身上的制服，還記得這是當年為他們建屋的人，與志工親切擁抱，讓人欣慰！」

證嚴法師談及：「這個慈濟村口，本來就有一塊紀念碑文，聽說幾年前曾經損壞過，於是當地人合資，把碑文重新修好，所以才能在經過二十年了，這一塊碑文還站得這麼穩。當地人謹記未忘，這一份飲水思源的感恩心意，我聽到了，真的好感動啊！」

曾經倒塌的紀念碑，經過村民自主募款整修後，重新豎立起來，分別以中文、英文、尼泊爾文記載著慈濟在尼泊爾的大愛行跡。而今慈濟人重返大愛村，慶幸居民都安度地震考驗。

居民看到慈濟人來訪，如同看到老朋友，歡喜熱情地招呼他們到家裡坐。一位年近六十的婦女，當年和丈夫帶著四個孩子遷入大愛村，靠著打零工維持家計；孩子們力爭上游，二十年後的今天都很有成就，其中一位已是多家廣播電臺的經理，看到慈濟志工來，馬上拿出錄音機採訪，要把志工們對他們的愛，永遠留存下來。

證嚴法師感恩慈濟人帶回大愛村安然無恙的好消息，最欣慰的是，看到村民的生活因為有安居之處而得到改善。

## 【上人開示】

◎時間，我們要很感恩時間，我們絕對不敢懈怠，一定會很精進地把握當下；恆持剎那，這個恆持就是當你發一念好心出來，要牢牢地把握住。長時間，這一念好心永恆不變，你就可以天天累積著，累積這樣的好事。

◎慈濟人在任何一個地方，只要有種子播下去，很自然的，就會發揮這樣的力量。

# 16 最需要的，最有價值

一連四梯次的賑災醫療團進入尼泊爾，至五月二十日已經二十三天，急難救助行動即將完成，此刻正是中長期建設的開始，首要任務以籌建簡易教室及簡易屋為主。

此次尼泊爾地震造成一萬四千多間學校嚴重受創，學校復課時間一延再延，即使復課了，教育經費不足的學校，也只能利用帳篷、走廊，甚至在已裂損的危樓中繼續上課，學生受教的環境及品質令人擔憂。

而不論是由一些慈善組織捐助以竹片搭建的臨時教室，或是燠熱難當的鐵皮屋，也都難以過渡到學校永久教室完成。尤其雨季將至，師生們熱切期待的，就是一間能夠遮風避雨、安心上課的教室。

## 首建簡易教室，為社會「固本」

教育不能等，由慈濟馬來西亞分會組成的十人團隊，在六月六日至九日的四天內，日以繼夜搭建完成第一間簡易教室樣品屋。尺寸規格符合官方標準，堅固的建材防水且抗熱，受到尼泊爾教育單位的讚揚。他們邀請慈濟團隊參加國家研討會，希望慈濟的簡易教室概念，能成為未來興建新校舍途中，可使用的短中期教室。

尼泊爾政府第一階段蓋出的簡易教室，是以鋅版當屋頂，竹子為牆壁，缺點在於悶熱又不堅固，使用期限僅半年到一年。慈濟的簡易教室，屋頂是鋅板加PU泡綿，不但具有可降溫五度的效果，還能避免下雨時雨滴落在鋅板，造成噪音影響上課的困擾。牆壁使用纖維水泥板，不僅穩固又防火，使用期限更可延長為至少五年到十年。

此次負責簡易教室援建規劃和行政庶務的慈濟志工，是來自馬來西亞檳城的李濟瑯和張濟玄。工程團隊首先面對的困難之一，就是尋找合適建材，所幸關鍵時刻遇到貴人，透過尼泊爾實業家納瑞許．杜加與巴山．查德里的協助，就地找到適合的建材及廠商。

當建材來源有著落之後，工程團隊開始進行教室組裝工程。接駁鐵片是組裝簡易教室過程中，重要的建材之一。因為在尼泊爾找不到合適的廠商生產，最初決定從馬來西亞帶去。「有一次我們帶了一點五噸的接駁鐵片，結果卡在海關。透過當地志工到海關、教育及財政部門奔波，最後才順利把鐵片帶出關。不過，多花了兩個星期的時間，難免耽誤了工程進度。」張濟玄和團隊集思廣益，想盡方法不再靠從馬來西亞運送建材；最後研發出無需靠模型，即便只用手鋸，也能輕易做出的角鐵間固定接駁板。

每天溝通協調，導致聲嗓都啞了的李濟瑯說：「說不累是騙人的，但教育不能等，看到孩子在工地旁的走廊上課，我們就很心疼，因此要加緊速度搭建簡易教室。」

馬來西亞分會執行長郭濟緣認為：「學校重建應該需要很多年，我們的簡易教室耐用超過五年，可以給他們時間來蓋永久的學校。」

## 每一秒鐘都珍貴

尼泊爾的建築材料很多是從印度進口，價錢很高；而且，邊境海關有時會關閉。有一陣子建築工人短缺，人力工資也飆到很高。但為了品質考量，慈濟團隊只能咬牙接受這必要的花費。

證嚴法師對郭濟緣說：「孩子們若無法安心地讀書，社會就沒有光明的希望，所以我們要很努力，早日讓他們有一個安全的讀書環境。這樣的簡易教室，議價雖然是比臺灣、比馬來西亞貴得多，不過這都是世間的物質，貴或便宜都是一個數字，最重要的是實用、能夠發揮良能，才是真正重要。」

證嚴法師申明他的救災理念：「在救災的重要關頭，我一向認為，受災者最需要的最有價值，雖然尼泊爾的簡易教室造價昂貴，但是因為它的價值，關係到學子的人生時間，一秒鐘過去了，這一秒鐘再也不能回來。讓孩子能在震後趕快好好把握時間，發揮學習的良能，這才有意義。」

巴吉索理學院（Bagiswori College）是慈濟援建簡易教室的學校，院長丹古瑪（Dhan Kumar）有感而發，地震後有很多團體捐助金錢或物資給校方，但他沒看過任何一個團體，除了捐贈簡易教室外還投入志工人力，一起和他們曬太陽組建教室。後來他得知，志工是自掏腰包遠從臺灣或馬來西亞前來幫忙，更是無比驚訝。

簡易教室品質很好，學校教師知道費用必然不少，一再向志工確認：「慈濟是否別無所求？」

李濟瑯請師長安心，同時跟他們說，如果想幫忙，「學校附近有許多倒塌的房屋及帳篷區，你們可以多去關心，傾聽他們需要什麼；或許你們沒有能力協助，但可以提報給慈濟，讓志工去關懷。這樣一來，你們也是能付出的志工了。」

## 社會改變是「做」出來的

工程團隊在組裝教室之前，都會特地到學校進行說明會，讓師生了解整個過程，同時請他們先用水泥和磚塊鋪好地基，最後再請他們上漆，一起成就工程。張濟玄強調，這樣的安排，並非為了省下人力和金錢，而是希望讓師生有參與感。

巴吉索理學院不只有工程科系的學生一起參與搭建，全校師生的積極承擔更是十分動人。張濟玄說，師生們主動把建築基地圍起來，再鋪上水泥；下雨時，校長和師生趕緊用塑膠布蓋住水泥板，深怕材料損壞。用心之周到，令人深刻感受到他們希求簡易教室的迫切性。

在援建工程期間，即使志工已自備餐飲，老師們仍熱情準備茶水和點心。這些貼心動作和真誠互動，讓慈濟團隊感動於心。

院長丹古瑪在獲贈一本《靜思小語》後，每天都放在口袋裡，在課堂教書時分享其中的好話，也和家人分享慈濟及靜思語。他最喜歡的靜思語是「社會的進步不是用喊出來的，是做出來的。」從師生的作為，已可見到從災難中的蛻變，正在發生。

六月十九日，尼泊爾實業家巴山・查德里來到花蓮靜思精舍，證嚴法師與他談及教育問題，委託他將來一定要大力支持興建永久教室。「尼泊爾是佛陀的故鄉，教育精神理念非常重要，有其歷史性與紀念性，我很想讓幾所學校永久永久地矗立在尼泊爾，這對慈濟人來說，是一個重大意義。」

## 翻越七重山

簡易教室於二〇一五年九月底完成第一階段援建，九十七間在加德滿都市區的教室，已經可以聽到學童上課的朗朗讀書聲。九月雨季結束後，援建工作進入第二階段，開始往偏鄉山區推進六十一間教室的援建。

十二月上旬，慈濟志工林宜琳隨著團隊一起前往拉里普區偏遠山上，驗收兩所學校共八間的簡易教室。她在一篇記錄此行的感悟文章中寫道：「從交通擁擠的城市到鄉村，接著到蜿蜒的山路，再走上坑坑洞洞的土路。趴在車窗望著窗外稻穗已採收的田園風光，我算著一座又一座越過的小丘與大山，翻過了七座山，終於到了佛陀中學。」

這所偏鄉中小學總共有三百五十位學生。校長在簽收教室時，感恩遠渡重洋而來的慈濟人，到這麼偏遠的山上為孩子蓋教室。在慈濟的標準來說，這是簡易教室，但對於尼泊爾人而言，已遠遠超出他們的期待，幾可作為永久教室的建築了。

此行的第二所學校是穆昆達初中，學校所在的小村莊，還必須再爬過幾座山頭。陡峭山路布滿大小石頭，車子無法爬上，眾人於是捨乘車而徒步行。在海拔兩千兩百公尺的山上，走了六公里山路，「從這一座山頭峰迴路轉，又翻越到下一座山頭，山間穿插著原始森林與梯田的風光，農忙過後，梯田種上了黃豔豔的油菜花。」林宜琳形容，從遠處看這鮮豔的色澤，好像是層層蛋糕上的鮮奶油，令人心情愉悅。

穿越了一座松樹林，在瀰漫的松香中，眾人抵達了這所全校只有一百零七人的中學。校長說，這裡的孩子多數家境貧困，所以幼年就必須開始工作，有些在磚頭工廠當童工，有些必須幫忙家中農務，遇到農忙時節更索性不來上課。

為了驗收這兩所學校，一行人來回開了六小時的車，走了兩小時的山路，辛苦嗎？林宜琳有自己的一番體悟：「為什麼在慈濟不問『辛苦嗎？』卻只說『幸福了！』能夠有如此因緣，見證海內外許許多多愛心匯聚起來的力量，在佛國故土的偏鄉山上蓋簡易教室，那是走上幾里山路都值得的。」

## 讓孩子的夢飛翔

二〇一六年四月，尼泊爾地震周年之際，當地人醫會醫師尼爾蒂斯．釋迦發表了一篇有關簡易教室的報導，文中述及在地震中損毀的學校。尼爾醫師認為，雖有許多團體協助搭建臨時教室，但慈濟的簡易教室是中小學、大學以及政府教育部門，認定為最安全，也是最舒適的教學場地，同時也是孩子尋夢的橋梁。

這上百間簡易教室，分布在市區與郊區的二十二所學校裡，無論是位處山上或是在擁擠的市中心，簡易教室提供師生舒適環境，讓孩子在裡面能夠安心學習。當地居民對慈濟所援建的簡易教室都覺得很驚奇，也紛紛表達對孩子能在其中求學的歡喜。學生災後所受到的創傷，在這個安全的環境中得到舒緩，他們臉上滿是笑容，不再害怕，因為簡易教室讓他們的求學夢能夠繼續下去。

在地震中受災的尼泊爾學校，皆需要慈濟搭建的簡易教室，因為那是在大地震過後，延續孩子夢想的堡壘。

**【上人開示】**

◎災區百廢待舉、諸事紊亂，許多難題都是考驗，感恩慈濟人踏上災區三週以來，分秒不空過進行救助，沉著應接各種「變化球」，讓賑災事務穩步推進。

◎身為宗教家，我的責任就是淨化人心，帶動人人有善心善念，這也是為社會「固本」；鞏固人心，讓人人做個好國民，就能達到國富民安。

# 17

# 用生命走入生命

地震之後災區殘破，學校毀損關閉了，整天待在帳篷區裡的孩子都在做什麼呢？最常見的景象就是，在黃沙漫天的陽光下，蹲在地上無所事事地堆沙石。

## 每一梯次都回應災區需要

尼泊爾接連兩次強震，造成三萬多間教室受創，影響九十五萬名學童上課。聯合國兒童基金會表示，震災讓一百七十萬名兒童心中留有陰影，需透過團體互動，引導走出陰霾。

震後一個月，急性傷病已趨緩和，災後創傷症候群慢慢浮現。證嚴法師表示：「急難救助時期過後，接下來的中長期援助，仍有許多亟待突破的困難。要鍥而不捨為受災民眾改善生活，讓孩童安心上課。」

因為停課而喪失大好學習時光的處境，讓慈濟志工對這些孩子感到好心疼，更深刻感受到，當務之急是要如何陪伴與協助孩子走出陰霾。

於是在第五梯次的賑災醫療團隊中，特別加入教育功能的成員，如慈濟大學傳播系陳定邦主任、慈濟科技大學人文室謝麗華主任，以及慈濟教師聯誼會林淑真老師等，希望在賑災醫療稍微穩定之後，進一步撫慰孩子惶恐不安的心，也為災區注入一股人文教育的氣息。

陳定邦在訪視過程中看到孩子成天四處跑，沒有事做，跟著他們跑訪視。所以開始思考著把這些孩子集中起來，成立人文教室，讓教育可以正式啟動。

五月二十二日上午，慈濟志工在曼索里帳篷區義診處旁，成立了「慈濟人文教室」，帳篷前方掛上中、英、尼三種語言的〈祈禱〉歌詞海報與慈濟橫幅，並以福慧床當椅子。

陳定邦最初原本擔心孩子來得不多，會不會只有八、九個，「結果短短不到二十分鐘，從十個到二十個，最後有四十個，互動參與率非常高，孩子可以感受到溫暖且有人文。」

帶有一點點風紀股長角色的陳定邦，看到孩子吃完糖果就隨地亂丟包裝紙，馬上告訴他們垃圾不要亂丟，要撿起來。以此機會教育，「環保小尖兵」的小小團隊組織起來了，由六位大哥哥跟大姊姊帶著小弟弟、小妹妹們，在帳篷區周圍撿拾垃圾和資源回收。「運用一些方法，快樂過程當中，怎樣遵守秩序，這就是慈濟教育人文，雖然有些考驗，但做得很開心。」陳定邦希望環保能在帳篷區慢慢推展開來。

強震無情，粉碎了家園，慈濟帶來的關懷不僅是醫療、物資，也帶來了教育與人文。聽到孩子說「天天要來慈濟人文教室」，志工們更有信心，期待將慈濟的人文教育課程延續下去，並擴展到其他的帳篷區與受災學校。

## 帳篷區裡首次靜思語教學

「Namaste、Namaste（祝福你）……」九點多，訪視志工來到帳篷區，許多鄉親及孩子會主動向志工合掌祝福。

孩子們的慈濟人文教室裡，為了吸引孩子們的注意，林淑真首先帶動手語教學，讓他們能快樂學習。

「要自愛，才能人見人愛。」以英文書寫在紙板上的這句靜思語，是這一天課程的重點，林淑真透過旁邊的小志工Ria Shahi翻譯成尼泊爾文，告訴大家要守規矩，才會得到大家的喜愛。

為了看看小朋友是否真的懂這句話的意思，陳定邦邀請三位小朋友分享，其中一位穿著黃色衣服的長頭髮女孩Aina Yosui可愛大方地說：「我會先學習自律，然後去愛人。」孩子透過淺顯易懂的靜思語教學，學習做人處事的道理，也感受到志工帶給他們的溫暖。靜思語淺顯易懂，透過孩子一張張純真的笑臉，他充滿信心，「慢慢地，一天至少一到兩句靜思語，影響往後的人生。」

「靜思語帶動要怎樣融入孩子的心，首先要讓他們歡喜接受。」天氣炙熱，在帳篷內做帶動的林淑真滿頭大汗，但為了孩子的教育，她樂在其中。

孩子是未來的希望，林淑真說：「期待帶動會讓他們知道，每一個動作當下都是一種教育與人文，他們像海綿一樣，很單純，給什麼就是接受，聽到孩子說，天天要來慈濟人文教室，讓我覺得教育課程應該、必須要持續下去。」

## 在音樂與圖像中，帶動希望

跟隨慈濟賑災醫療團第五梯次，謝麗華如願踏上尼泊爾這塊受傷的土地。她本著老師的天職，為災區的孩子說故事、歌唱。

天地是大課堂，一首慈濟歌曲〈幸福的臉〉的手語帶動，讓巴塔普帳篷區幸福洋溢。帳篷區內四十多位孩子，跟著節奏輕快的旋律，快樂地手舞足蹈。

謝麗華從臺灣帶來許多教學資源，比如「愛與關懷」英文字卡、利用平板電腦

（iPad）播放小螞蟻故事影片等，以圖片或影像吸引孩子聚集，並適時拿出彩色筆吆喝他們聚集畫畫，讓孩子聚在一起畫出心情故事。

「小螞蟻在往山上途中，獲得許多人的幫助，也發願將來要助人。」她用英文導讀再加上活潑生動的語氣，讓孩子融入故事的世界。

謝麗華沒想到，之前說給學生聽的一本有關於小螞蟻攀登須彌山的故事繪本，會在尼泊爾分享給這群靠近須彌山的孩子聽。

出發來尼泊爾之前，謝麗華特別請慈濟科技大學的學生，以英文合唱〈愛與關懷〉，透過手機的播放，將遠方的祝福送給災區鄉親。一頁一頁翻閱著圖畫書，十七歲的少女阿諾（Aun Bohaju）聽著與自己年齡相仿的學生歌聲，她眼眶濕了。

強震的驚恐至今不曾離去，阿諾親人往生，慈濟志工四度前往關懷並給予協助，讓她打從心底感動，終於願意打開心門。而今雖已休學，但英文說得很棒。「你來當志工好不好？英文這麼好，你可以幫我們在訪視時翻譯，當我們的小志工。」對於謝麗華的邀約，阿諾臉上掛著燦爛的笑容答應了。

## 翻譯小志工阿諾

就像母親照顧著女兒一樣，幫她綁起兩根辮子，清新的髮型讓大家眼睛為之一亮；再為她穿上志工背心，謝麗華告訴她：「這是阿諾的榮耀。」

阿諾的志工任務就是幫忙翻譯，陪伴慈濟志工穿梭在街坊鄰里，藉由她的翻譯，讓當地民眾更了解慈濟這個團體。

阿諾雖然年少，思想卻十分成熟，「慈濟人來我們家關懷的時候，是真正誠懇的用心來幫助我們，所以我現在也願意出來為志工做翻譯。」阿諾的真誠，讓愛的力量透過語言傳遞出去。

穿上志工服加入訪視團隊，她也帶志工回到她的老家，倒塌的磚房，讓人已經無法想像以前樓高五層的模樣。她共有五個親人不幸在這裡往生，傷心的阿諾說：「感覺很想哭，回到這舊地。」

心情雖沉重，卻不絕望，因為有慈濟志工在身邊就有溫暖，因此她樂於手心向下來付出。阿諾說：「因為我打從心底很感謝你們的幫忙，所以我也想幫忙你們。」

小志工一個帶一個，帶出許多好因緣，當地志工的招募格外順利，她們還跟慈濟志工約定下次再來付出，要一起讓尼泊爾走出地震陰影。

## 誠之情誼，教之慇實

來自各國的慈濟人齊聚尼泊爾救災，都知道總有一天必須回到自己的國家，於是大家積極招募當地志工，期待他們日後也可以成為種子志工，幫助在地苦難人，將佛法行善助人、拔苦予樂的根本要義，繼續傳遞下去。

證嚴法師十分欣慰，「我常常說，『用生命走入生命』，這一次，不只是醫師用生命走入生命、救拔生命，我們的教授、老師、人文志工都到了尼泊爾，也同樣是用生命走入受災者的生命裡，帶動他們，讓他們快樂，讓他們深深地感受到了被尊重，這就是真誠的愛。」

證嚴法師感恩慈濟人把「誠之情誼，教之慇實」這兩句話，落實在尼泊爾。「我們到了尼泊爾發揮『誠之情誼』，慈濟的人文與愛，已經走入了他們的心坎裡。同時也『教之慇實』，教他們歌曲、手語，教他們如何打開心門、快樂起來。拔除他們的苦難，同時安穩他們的心，這就是『苦既拔已，復為說法』。」

## 【上人開示】

◎要把握因緣培養當地種子志工，以便落實日後中長期援助計畫。

◎「苦既拔已，復為說法」，要真正拔除受災民眾的苦、安住他們的身心，才能進一步引法入人心，將佛法帶回佛陀的故鄉，成就人間淨土。

◎踏上破碎的土地，走在瓦礫堆中，兩旁房屋搖搖欲墜，隨時有餘震威脅。這條艱辛賑災之路，是凝聚許多人的愛心，以及一股股推動前進的勇氣力量，才能長期堅持，穩定邁步。

# 18

# 翻轉手心的方向

一位參與發放的尼泊爾國會議員說，災後只能住在帳篷區的民眾，不可否認有許多是屬於印度教種姓制度的中下層階級；他們因為生活困難，有人一生習慣手心向上，「但慈濟卻引導他們也可以布施。」以手心向下為來生種善因，對此教法觀念，他感到驚訝。

尼泊爾醫師勝偉則認為，「慈濟在災後一連串的義診與物資發放，看在大家眼裡，雖然感覺奇怪，但內心深處其實很感動。」

**「竹筒歲月」，時空穿越**

慈濟人平等看待尼泊爾人，不分信仰或種族，慈悲一切，志工們會在發放時，和鄉親分享「布施不是有錢人的專利，而是有心人的參與」，以及「積沙成塔，小錢行大善」的觀念。

許多居民受災後一貧如洗、身無長物，當他們知道慈濟是從「竹筒歲月」開始做起，而此刻自己手中領到的物資，是來自全球愛心一點一滴的匯聚，都紛紛響應「聚小錢、行大善」，很樂意將身上僅有的一盧比、十盧比銅板或鈔票投入竹筒中，成為一名布施者，幫助比自己更需要的同胞。

有一天，實業家納瑞許．杜加來到帳篷區，拿著竹筒，彎著腰身，向貧苦的受災鄉親一一勸募善款。這個前所未見的場景，震撼了所有當地人。

「這種感覺真的很奇妙！」慈濟人如此形容。「尼泊爾長久以來的種姓制度，造成社會階級的不平等，如今，也有機會『不一樣』了。杜加先生放下身段，拿著竹筒走到帳篷區，貧窮的人可能一輩子也無法想像，會有這麼一天，自己可以手心向下，把手上微薄的善款，交到一位富可敵國的實業家手中。」

「竹筒歲月」正是許多受災民眾在與慈濟人互動過程中，印象最深刻的活動。一九六六年，「佛教克難慈濟功德會」在臺灣花蓮創立，證嚴法師號召三十位家庭主婦，日存五毛錢投入竹筒中，啟發大眾助人之愛。至今五十多年來，「竹筒歲月」已遍布全球，小錢做大事的理念，讓貧困者也能以微薄的付出助人，成為源源不絕的愛心象徵。

在巴塔普帳篷區的慈濟香積站裡，當地受災婦女在此幫忙挑菜、切菜，已經是天天出現的場景。當慈濟志工向她們說明竹筒歲月的概念，她們也都很樂於付出自己的一份心意。家庭主婦的涓滴之愛，彷彿穿越時空，回到了半世紀前臺灣的樸實年代。

## 濟貧教富，發現自己的力量

在一位九十二歲的老婆婆面前，慈濟志工拿著竹筒向她募款募心。這位老婆婆手拈著她的銅板，開心地投到竹筒裡，滿臉綻開的笑容，令人想起「貧婆供佛」的故事。

佛陀時代，迦葉尊者有一次外出托缽，遇到一位貧窮的老婆婆。貧婆悲嘆自己身分低賤，很想供養出家人，可惜窮到一無所有。

尊者說，供養重在心意，只要出自最虔誠的心，就是真正的供養。於是貧婆撕下身上破衣的一角，歡喜地供養尊者。

佛陀知道這件事後，讚歎貧婆在一無所有的情形下，能捨身上布塊，功德無量。後來出家人在僧衣的領子縫上一塊布，就是為了感念貧婆的這份布施之心。

這個故事，發生在兩千多年前佛陀的國度，兩千多年後，「苦」與「無常」也發生在佛陀的國度。有福接受佛法教育的慈濟人，以地震因緣來到這裡，懷抱著感恩心，希望將佛法回饋佛陀的故鄉。證嚴法師為慈濟人的「濟貧教富」感到欣慰，他說：「我們在尼泊爾的『竹筒歲月』，集當地的涓滴愛心，就地採購物資，讓受災民眾知道，這些大米、食用油等等，都是自己捐出來的，讓他們覺得『裡面也有我的一份助人的力量』，如此一來，接受者就不會有自卑感。我們在感恩與尊重中，引導他們發揮愛心，這就是教育。即使是窮人，也不要漏掉，要讓他們有植福田的機會。」

## 讓在地力量成為主流力量

有本土志工說，受災後見到比自己更辛苦的人，卻無能為力幫忙，往往感到自責；但加入慈濟，讓他們發現其實自己也有付出的力量。

慈濟志工無論走到哪裡，都會手握竹筒，介紹慈濟及證嚴法師的精神理念，激勵人們行善。在某次的帳篷區發放結束後，一群當地年輕志工削竹子自製五支存錢竹筒，向當地居民募捐了兩千八百盧比給慈濟。

其中一位年輕志工攸尼斯說：「這一天，我們終於能夠實踐『竹筒歲月』的精神理念，這是自地震以來最讓人高興的一天。哪怕只是一點點捐款，也可以在世界各地傳輸大愛。尼泊爾的『竹筒歲月』就這樣開始了。」

本土志工到學校及商家募心募愛，分享竹筒歲月精神，有一位小學副校長說，雖然自己能捐的錢不多，但希望能以此向受災同胞表達支持。

「有些人給我一盧比，有些人給我五盧比，有些家庭給我五十盧比，甚至一百盧比，我是這樣一家一家去向居民募款的。」本土志工對於能用這些錢來幫助有需要的人，都覺得開心極了。

有一位尼泊爾司機比瑞，因為工作而接觸慈濟，了解後投入志工行列，並且帶動全家及鄰居，響應竹筒歲月。大家很歡喜這樣的點滴之捐，在笑容中，知道這是很多人的祝福與愛，包括自己也是受人之愛並且也能愛人。

佛陀提倡人人平等，慈濟人「悲智雙運」，以慈悲心踏上破碎土地急難救助，運用智慧帶動當地人懷抱感恩、尊重、愛，不分階級同心付出。只要能帶動當地人助人的熱情與愛心，願意長期照顧自己的鄉親，就能讓在地力量成為主流力量，災區重建就會有源源不絕的希望。

【上人開示】

◎慈濟人一梯接著一梯奔赴尼泊爾，以愛接力付出，陪伴受災民眾流淚、歡笑，付出無所求，只願人人身心安定、生活安穩。

◎愛心無遠近，在這片殘破的瓦礫堆中，看見人間菩薩的無私大愛，如此燦爛光明、清淨無染，充分展現了人性光輝。

# 19 這一條路，鋪滿歌聲

接引當地志工來服務自己的鄉親，才能為尼泊爾綻放生生不息的力量，因此慈濟人在活動過程中，除了邀請當地青年前來參與，也帶著他們學習付出。

## 愛，灑入每一個心田

這一天，在前往猴廟帳篷區的路上，慈濟人和一群本土生力軍，沿途「愛灑」，以一對一的帶領模式，讓本土志工學習把愛與關懷遍灑在這片土地。每一位路人都是有緣人，本土志工學習恭敬上前，合掌、鞠躬，真誠問候並祝福吉祥，將「愛灑人間」的意義推介給自己的鄉親，募一份愛心，募一份不計多少的善款。

每當有人捐款投入竹筒，大家就齊聲唱出「Namaste」為他祝福。這首慈濟人自創的祝福之歌，全曲歌詞以「NA-MA-S-TE」四個音節連續循環，旋律簡潔，琅琅上口，真誠而有力量。

唯有愛能跨越冷漠，人類的災難才有轉機，「愛灑運動」濫觴於二〇〇一年，證嚴法師即呼籲：「驚世的災難，必須有警世的覺悟，所以我們要推展『愛灑人間』的運動。不論在市街或巷道，都要一一登門拜訪，希望家家吉祥、人人平安，諸惡莫作、眾善奉行。」

在尼泊爾的這條路上，一一問候、聲聲關懷，歌曲是有力、單純而直接的媒介，志工沿途傳唱，為人心帶來寧靜祥和。慈濟志工說：「愛可以感染，善不斷循環，有些鄉親看到這樣的場景，當我們走到他面前時，他就很開心投了竹筒，我們又歡喜地唱了起來……」於是，這條連接著兩個帳篷區的路上，鋪滿了「NA-MA-S-TE」的歌聲。Namaste，是尼泊爾的問候語、祝福語、致敬語，以當地本有的傳統語詞，化作腳步、化作鞠躬、化作實際行動，打開一扇「人人皆能行善」的觀念之窗，整條路上的風景都明亮了起來。

沒有階級之分，沒有貧富之隔，本土志工「巴山」拿著竹筒，感受手中不斷加重的份量，他眼眶泛紅，原來，自己的這些受難鄉親，有這麼多善心之人。

慈濟志工更是感動：「當地志工真的很有心，我們應該要好好的陪伴他們，把他們當作自己家人好好照顧，趕快在本土生根，尼泊爾就有福了。」

## 把「布施」波羅蜜，帶回佛陀故鄉

從一個個竹筒裡，嘩啦啦倒出一座座紙鈔、錢幣的小山，志工們大家歡喜滿懷、感恩在心。數算幣值，其實是人心之愛的在地獲利，因為每一個盧比都有溫度。

觸摸在手，這一盧比，可能是來自一個一貧如洗的家庭；這五盧比，可能是來自家園成廢墟的受災者身上；這張紙鈔，可能是一個貧困者口袋裡僅存的財產之一……願意在艱難中掏錢捐出，不論面值多麼微薄，布施之善無比深厚。

在佛陀為弟子宣說諸菩薩行的《摩訶般若波羅蜜經》中，佛告須菩提：「汝問何等是菩薩摩訶薩摩訶衍，須菩提！六波羅蜜是菩薩摩訶薩摩訶衍。何等六？檀波羅蜜、尸羅波羅蜜、羼提波羅蜜、毘梨耶波羅蜜、禪波羅蜜、般若波羅蜜。」檀波羅蜜，即布施波羅蜜。

《增一阿含經》序說：「菩薩發意趣大乘，如來說此種種別，人尊說六度無極，布施持戒忍精進，禪智慧力如月初，逮度無極覩諸法。」《阿含經》裡有六度之名，也有六度修行的項目，到了大乘經典《般若經》及《大智度論》，講得更為詳細。菩薩行六度，布施居首，以慈悲之心財施眾生，使其身心安樂，是修行的第一步。以「自利」而言，可增上自我的福德智慧；以「利他」而言，則是增上眾生的福德智慧。不論是自利或是利他，「布施」最易於讓人們感到歡喜。

在種姓制度根深柢固的尼泊爾社會中，慈濟人感觸深刻。一些帳篷區的鄉親在路邊乞討，他們認為「手心向上」只是一種生活模式，但能夠「手心向下」投竹筒，則是許多當地民眾人生第一次的布施。

在這樣的背景下，摸到竹筒中尼泊爾盧比的感覺，慈濟志工形容：「每一個錢幣、每一張紙鈔，都是觀念的打破。在過去，鄉親們可能認為接受別人給予是正常的，但慈濟人來到這裡，給了他們新的觀念——如果能付出一份愛心，物質上即使再窮，心靈上就是一個很富有的人。」

對當地人而言，「震撼」的觀念帶來人生方向的改變，「原來我也可以這麼做，原來我也能成為富有的人。」只因為能布施。

六波羅蜜：布施、持戒、忍辱、精進、禪定、智慧，第一是布施。

四攝法：布施、愛語、利行、同事，第一也是布施。

慈濟志工深有所悟：「佛法，是兩千五百多年前佛陀所教導，六波羅蜜第一是布施，四攝法第一也是布施，兩千五百多年後，我們藉由竹筒讓鄉親來布施，真的是把佛法帶回佛陀的故鄉。」

## 【上人開示】

◎把布施當作是本分事、是修行；沒有施、受者的分別，且不罣礙於所付出的物質。

◎慈濟人要做到「三輪體空」，完全無所求地付出，才是布施的最高境界。

◎付出無所求，還要感恩，這是慈濟人共同的心念。所以無論做得再累、再辛苦，還是很歡喜、真誠地說「感恩」。

# 20 種子落地，一生無量

證嚴法師希望將佛法傳回佛陀的故鄉尼泊爾，慈濟賑災醫療團首次在當地舉辦的「志工培訓」，五月三十日就在巴塔普區的「格巴學院」展開了，共有七十三位當地志工參與，希望將愛的種子撒播當地，一生無量。

## 志工當地化，人間菩薩大招生

活動團隊游美雲說，一面膚慰鄉親，同時也帶動當地志工，讓他們親幫親、鄰幫鄰。但慈濟每一梯次來都只有兩個星期，離開後，如何延續？「志工當地化非常重要，所以一定要讓他們來認識慈濟人文，多了解慈濟的故事及慈濟的默契，這樣才有辦法延續下去，相對的第一次培訓課，一定要深耕。」

人間菩薩大招生課程，首先透過手語〈幸福的臉〉拉近彼此距離，接著唱〈慈濟功德會歌〉、聆聽證嚴法師開示、《無量義經》演繹、慈濟的故事、慈濟四威儀（行、住、坐、臥）和知心相契等活動。

參與此次培訓課程的Sunita Twanabasu，是來自曼索里帳篷區的十六歲女孩，為了表達對慈濟人的愛，她特地寫了一封信，一字一句充滿無限的感恩。

「上個月二十五日的時候，發生尼泊爾地震，大家一時之間失去了很多東西，也不知道自己的未來是什麼？在這時候看到慈濟團體進來，慈濟團體就好像一道光，讓我們看見了希望……」

信中，Sunita Twanabasu說：「在地震中，慈濟人一次又一次的來，從來沒有退出，還在這裡幫助他們，無論是搭帳篷、給物資等等，我看到慈濟人的愛，非常的感動，雖然知道這裡的人民在地震中失去了很多，尤其像我就失去了心愛的婆婆，很多回憶仍然在地震當中，我能夠放下，參與為我們人民的付出，而且在慈濟團體中看到他們一直在為我們祈禱，希望尼泊爾人民更加快走出這個陰影，很平安，我非常感動。未來，我還是慈濟的志工，非常感恩上人的大愛，他的悲心讓志工能夠來這裡幫助我們的人民，所以我非常感恩在這邊付出的全體志工。」

走出傷痛，走入大愛，Sunita Twanabasu從手心向上進而成為手心向下，每天帶著開朗的笑容，與大家一起做志工。

## 用行動表達感恩

像 Sunita Twanabasu 一樣的受災鄉親很多，他們主動投入志工行列，用實際參與志工的行動，表達心中的感恩。其中有三位年輕朋友，攸尼斯、蘇門以及丹尼斯，成為真善美的一員，他們積極學習採訪技巧，學習如何操作攝影機，不到一個月，已經可以獨立作業。未來在尼泊爾這片福田，可望透過他們來記錄慈濟大藏經。

地震震垮家園，十九歲的攸尼斯，把震毀的磚瓦撿起來，重新搭建房子，空間不大，他跟爸爸一起生活，媽媽住在帳篷區裡。他說：「慈濟給我醫療援助，讓我們有帳篷可以住，我一直記得，慈濟人給我們很多的關心。」

因為感動所以行動，加入本土志工培訓的丹尼斯，也是真善美一員，拍攝活動時，即使遇到滂沱大雨而渾身濕透，即使要爬上屋頂取景，這樣的辛苦他一點也不以為意。他說：「因為我們是當地人，每個人更要彼此幫助。」

學習如何操作攝影機，了解溝通訪問技巧，不到一個月，已經看出好成效。二十六歲的蘇門進展最迅速，原本從事雜誌攝影的他，有採訪經驗，但地震壓壞了相機，如今手上這一臺，還是向朋友借來的。蘇門說：「慈濟不只是一個救援團體，而且還帶給人們微笑。原本我有一個工作機會，但我拒絕了那份工作，因為我想成為慈濟志工。」

從採訪到撰寫文稿，資料建檔等等，蘇門學習力很驚人。慈濟志工曾美姬讚歎：「他現在已經可以獨立作業了。」

本土真善美志工，能拍攝能寫稿，還是翻譯的最佳小幫手，最難能可貴的，是那份學習的堅定心念。

慈濟志工陳榮欽有感而發：「這幾天有他們在，真的是幫了非常大的忙，我覺得每個人都是一百分。」

三位年輕大男孩，同是受災鄉親，同樣用心替慈濟寫歷史，震出來的菩薩，因緣既深且珍貴。

## 愛的花蜜

六月六日，第二次的本土志工培訓，共有六十三位成員參加。對這些志工來說，慈濟像什麼，他們用畫筆畫出來，「慈濟像蜜蜂，分工合作採集花蜜，把愛的滋潤傳給尼泊爾居民。」慈濟的溫暖，觸動尼泊爾志工的心，他們也將繼續把愛的種子，撒在自己的國土上。

## 【上人開示】

◎做中學、學中培訓，讓他們理解到，原來人文是這樣。當地年輕人很多，所以說那個地方很有希望。

◎來自於臺灣的慈濟人，把佛法帶回到了佛陀的故鄉去，但願一粒粒的種子，在當地新芽再發，成為小樹，成為菩提林。

# 21

# 悲傷城市的希望活力

一個無眠的雨夜，在奇翠巴蒂。

無眠的帳篷區鄉親，在雨中，家家戶戶忙著舀出漫進帳篷內的水，搶救地上的被褥、鋪墊、鍋碗瓢盆等家當。

無眠的二十三位倉儲志工，在雨中通力合作，將剛運抵加德滿都的兩千多張福慧床，漏夜清關搬運完成。因為第二天，六月十七日，慈濟賑災團將在「奇翠巴蒂帳篷區」進行大規模物資發放，其中的福慧床可讓鄉親在雨季中，不再夜不成眠。

**苦難之地，悲心相逢**

下雨，是帳篷區人們無奈而痛苦的夢魘。傾盆夜雨中，帳外帳內一片水淋淋，地面濕、被子濕、全身濕，人只能蜷縮著窩在板凳上，等待天明。

雨季到來，面對隨時都可能淹水的窘境，福慧床這個彷彿魔術般的神奇禮物，讓許多人眼睛為之一亮！原本手提在握，一攤開來，既能變成兩張椅子，也能變成一張床，萬一水淹入內時，更是放置所有家當的生活平臺，坐臥其上，可以遠離浸泡冷雨之苦。

震後至今，只有小型非政府組織提供水及廁所等衛生援助的「奇翠巴蒂帳篷區」，位於加德滿都市內，此處聚集了四千多名的受災民眾，分居在一千多頂帳篷內。此次慈濟的大型發放，針對八百九十五戶家庭，發放一千九百四十八張福慧床與兩千零二十八條毛毯，雖然工程浩大，但匯流國際愛心一起投入。

發放現場除了當地志工的配合，還有其他非政府組織的志工參與。國際性非營利組織ALL HANDS志工團有四位志工參加發放，其中一位佩服慈濟救災的執行力與行動力的年輕志工說：「我去年在菲律賓，曾經看過慈濟於獨魯萬災區救災，現在來到尼泊爾，又看到你們在此協助！」

成立於緬甸的非營利組織「博愛慈善救援會」（Noble Compassionate Volunteer Group），也前來加入發放行列。主席尹茂策說：「我是在緬甸納吉斯風災後認識慈濟的，慈濟最讓我佩服的是國際人道救援的精神。」

尹茂策十分了解此地災況：「他們住在簡便的帳篷，全都睡在地上，沒有一塊板子，也沒有一個鋪墊的物品，像這樣的福慧床是最好的，比帳篷還重要。」對於慈濟的發放物資，他也感受良多：「你們總是設身處地為受災民眾著想，了解他們需要什麼。」他摸著一床床的毛毯，豎起大拇指說：「你們臺灣人真棒！」

苦難之地，悲心相逢，非政府組織愛心不分國界，一同伸手付出。身在現場的尼泊爾執政黨國會議員麗塔說：「你們從那麼遠來，幫助這邊的災區，我真的很感動。」

## 天鵝的祈禱

發放圓滿，大家齊聚在空地上唱唱跳跳，慈濟人融入尼泊爾的音樂旋律裡，學著當地的舞步，和鄉親們載歌載舞，奇翠巴蒂的天空下傳出了笑聲。

笑顏轉換了失去家園的低迷，歌舞為鄉親振奮重建的活力，這座悲傷城市，漸漸在愛的陪伴下，看見希望的曙光。

為了感恩慈濟人，當地志工特地獻上哈達，表示最高敬意；當賑災醫療團離開帳篷區時，鄉親們更是真情流露，夾道歡送。

送進每一頂帳篷裡的福慧床及毛毯，傳遞著來自全球的溫暖之愛。一位從地震後就一直睡在泥巴地上的老人家，八十三歲的臉龐上笑容燦爛。棲身的簡陋帳篷有了一張床，再鋪上毛毯，終於有了安身之感，「我覺得睡在上面很高興，很高興慈濟給了我這張床。」

十七歲的少女Eliza，領到福慧床後，她形容這是「甜蜜的禮物」，因為地震後流離失所，家當都埋在廢墟中，一個多月來睡在地上，真是苦不堪言。她感恩慈濟的幫助，特地送來一只紙天鵝，是她花了一個小時的用心手作，附上的信函中字句誠懇：「感謝慈濟基金會幫助我們、照顧我們，你們從你們國家送來的援助，我們無以回報，但我們會為你們祈禱且獻上我們的愛與敬意。」

參與發放的慈濟志工林宜琳有感而發：「來尼泊爾前，我以為我會看到一座被悲傷包覆的城市，但是，此行我真正看到的，是『希望』。在一群善良、熱情的年輕人身上，我感受到一股力量叫做『希望』。」

## 希望，正在茁壯

茁壯的根系，深植在一群當地的青年身上，從這次發放，可以看到他們展現的力量。尼泊爾是內陸國家，境內高山聳立，不只發放物資的運送十分艱難，物資到達後的搬運，更需要大量人力。從貨櫃搬上卡車，再從卡車下貨到發放地，整整齊齊排放在現場，這一上一下的過程，因為有這群志工的幫忙，才得以讓物資順利到位。

前置作業的辛苦超乎想像，而一張十五公斤重的福慧床要發放到受災民眾手上，體恤帳篷區裡行動不便的鄉親或長者，也全賴這群年青志工一對一的服務，幫忙搬回各家帳篷裡。

看到年輕志工一手提著福慧床、夾著毛毯，一手牽著老奶奶或老爺爺，陪伴著一步一步走回帳篷，畫面之動人已無需言語詮釋。

其實這群年輕人在發放前一天已是搬床搬到半夜，其間遇到下大雨，所有人全身都淋濕了也不願休息。當他們完成搬運，慈濟志工要出錢讓他們坐車回家，這群年輕人卻說走路就好，可以把錢省下來。

漏夜搬床的桑傑，在天亮之後，正是他參加大學考試的日子。清晨六點半，考試前四小時，他還是出現在發放現場付出，直到福慧床一切放置就緒後，桑傑靜靜坐在現場角落裡，把握時間看書。大考就在眼前，他並不緊張：「我已經準備好，要去考試了。」

發放現場的一百五十位當地志工，包括前一晚辛勤搬運的倉儲志工，加上猴廟帳篷區志工，以及奇翠巴蒂帳篷區管理委員會組織的四十多位志工，大家一起投入，人人自發性地互相補位、搬運，把握貢獻一己之力的機會。

奇翠巴蒂志工因與慈濟志工已有兩次合作經驗，已經學會一些慈濟人文，例如在現場準備簡易帳篷及座位，讓老弱婦孺及身體不方便的鄉親能夠遮陽等待。現場更有小志工拿著塑膠袋，來回撿拾垃圾，維持環境整潔與乾淨。

與這些小志工、青年志工一起努力的，是各國慈濟志工以愛接力，還有三十四個國家地區的慈濟人發起勸募或義賣。比如來自新加坡高齡八十二歲的陳春蓉師姊，雖因關節炎行動不便，仍強忍疼痛在市場裡勸募愛心；九十歲的李三妹師姊一站就是三個多小時，向往來人群誠懇呼籲，精神毅力令人動容；同樣經歷過強震的海地，也在至今克難的生活中，響應尼泊爾賑災……所有的力量都在扶持，陪伴尼泊爾走過世紀苦難，看見希望的未來。

【上人開示】

◎在帳篷區裡改善了他們的生活，付出者很開心、很歡喜，受惠者很安心、很舒適，彼此之間唯有愛的感覺，是人生最美的圖像。

◎把握時間利益群生，莫讓生命空轉；自我成就，也要廣為接引，成就每一位發心者，讓人人都有機會付出。

◎將佛法內化於心，才能有法度人。所謂度人，就是度心——要把人人的心帶好。

◎人人本具佛性，人人都是未來佛；恭敬對待生活中的每一個人，如侍奉諸佛，就能持續向成佛之路邁進。

## 22

# Namaste！向你的內在靈性致敬

在尼泊爾，人們見面時都會雙手合十互道一聲：「Namaste」。Namaste意味著「我向你鞠躬」，在中文的意義上，可以理解為您好、歡迎光臨及致敬的意思。

從梵文而言，Namaste一詞可拆解成三部分：

nama——意思是致敬、鞠躬，並且是放下小我、出自於謙卑而釋放出的真摯情感，帶有靈性意義上的提升。

as——真我。

te——向你，這是在靈性的層面上向另一個生命表達敬意，而不僅僅是常規的問好和禮貌。

Namaste代表彼此靈魂的交流，每個人都有著神聖的力量來源，透過Namaste的語聲與姿勢，人與人的關係與信賴感，可以相互流通。

在尼泊爾這塊土地上，慈濟人與當地鄉親的交流，通常都是從一句句的「Namaste」開始，尤其是走進每一頂帳篷訪視、和每個家庭互動時，Namaste開啟一切親近相逢的因緣。

## 家訪，在生命深處交流

在「波帝帳篷區」進行發放之前，六月二十一日，慈濟志工先來到此地普查人數。被翠綠農田及蓊鬱森林環抱的波帝帳篷區，八十七個帳篷安紮在山坡上，從此處放眼望去，天地間視野遼闊，遠處群山綿延不絕。

暫住在此的鄉親，大多來自「辛都帕省」的小村落，這個省份是此次強震中全國最嚴重的災區。

地震發生後，辛都帕山上的村落對外道路全部中斷，村民徒步走了超過十小時，千辛萬苦才到達救援點，搭上直升機、貨櫃車或竹籠由災區撤離，來到這處由一位企業家承租山坡地的容身之所。

慈濟志工挨家挨戶走訪，鞠躬、微笑，表達來自臺灣慈濟證嚴法師的關心，此行除了膚慰鄉親，也確認每一個帳篷裡居住的戶數與人數，以便進行物資發放。

這裡堪稱是帳篷典範社區，安全管理完善，對於來訪人車都有進行管制，篷區內處處設有垃圾桶，環境整潔乾淨不見一絲垃圾。由於地處山坡，沒有下雨積水的問題。飲用水由政府提供，清洗用水則要到百公尺外的溪流汲取，居民都很珍惜而且重複使用。

孩子教育不能中斷，區內以鋁板搭建了幼兒園，數十位三到五歲小朋友在此上課，老師也是由帳篷區鄉親擔任。

家訪這一天剛好不是上學日，看到慈濟人出現，孩子們紛紛走出帳篷，跟隨志工的腳步走訪。Sonali Ghatri與妹妹Bhumi及鄰居索那莉緊跟著志工當起小翻譯。

豔陽當空，室外三十六度，帳篷內也高溫如炙，志工家訪汗如雨下。這對姊妹希望慈濟人將她們的名字翻譯成中文，志工黃宗保思索後，將姊妹的名字分別翻譯成「索那莉」與「普密」，並且在紙上寫了下來。姊妹倆就著黃宗保的字跡，一筆一畫描寫，竟然有板有眼，字跡十分端正。

在高溫天氣中一戶戶家訪，體力負擔不輕，安靜不多話的索那莉，下坡時還貼心地挽著志工的手肘，猶如相識多年的親近好友。

Ikaram Shrestha在海關工作，Ganesh Khadka是學生，他們一路陪伴家訪翻譯，步步跟隨也步步了解慈濟，深深感動而希望加入志工行列，為苦難鄉親盡心盡力。

苦難之際，直面生命深處，施與受，都可以有正向的力量，相互啟發、交流。

## 認識彼此內在的力量

這個井然有序的帳篷區，由五人小組擔任管理委員，肩負起居民安全、入住或搬離的行政工作。其中為首的Madan，從小父母雙亡，兄弟們早已離開家鄉到他方就職，祖母也在這次地震時往生，如今全家只剩他一人。雖然境遇令人鼻酸，但他堅強有責任感，決定與鄉親同甘共苦，因而一肩扛起社區管理委員的職責，為鄉親處理大大小小各項瑣事。

家訪過程中，Madan細心幫忙志工翻譯，充滿慈母之愛的慈濟志工，聽到Madan是孤零零一個人，立刻認了Madan做孫子，大家也就理所當然的成為了他的兄弟姊妹。志工對Madan說：「你不再是孤單一個人了喔，從此以後慈濟人都是你的家人，別忘了你有個家在臺灣花蓮！」

從家訪到發放日，與慈濟志工相處了幾天，Madan感觸很深，他希望自己也能夠成為慈濟家庭的一份子。雖然想到一千多位鄉親的未來居所，Madan眼眶泛著淚光，但遠在臺灣花蓮的那個「家」，讓他內心有了力量。

物資安身、關懷安心，身心的同步照顧是慈濟的人文，「波帝帳篷區」的發放，總共為兩百四十二個家庭，發放了五百七十八張毛毯、五百四十九張福慧床。

在帳篷區內開了一家雜貨小店的女孩，在發放的隊伍中一直流淚不已，震後的茫然讓她覺得生命無所寄託，慈濟人的到訪與問候，帶給她內心最需要的關懷，她感動竟然有這樣一群陌生人，關心她的感受、心疼她的苦痛，閃閃淚光中終於有了一抹笑顏。

一位鄉親有感而發，在物資匱乏之中，她微小的願望只是「想要一張床」，然而災後沒有任何單位前來關心，只有慈濟帶來了人們最需要的床，令她感動不已。她說，雖然證嚴法師遠在臺灣，但有這麼多慈濟志工到此關懷，她想捐出一些善款表達感謝，而且希望有生之年，能到臺灣花蓮見證嚴法師。

在發放時，一位看來只有四歲的小女孩，怯生生走到慈濟人身邊，小小的手拉拉志工的褲管，高高舉起她手上的五盧比，原來是要捐給竹筒歲月的募款。

把心中感動化為行動，不論大人或是小孩，所有人都有一份力量，內在都有一個神聖的泉源，以善念善行幫助他人，也祝福自己是有福的人。

## 小小聯合國的訪視

慈濟志工與居民的交流，不只在這海拔一千三百公尺的安置社區，也在每一處走到、遇到的人事物裡，證嚴法師對受災民眾的關心，由慈濟人化為關懷的行動。

在一個帳篷裡，全家中的祖母、媽媽、姊姊和親戚，都在地震中往生了，留下受傷的孩子以及傷痛欲絕的爸爸，支撐這個破碎的家庭。慈濟人前來關懷，志工一左一右陪伴這位爸爸走走、談談，自然而然牽起他的手。溫暖的交握，讓這位必須強打精神守護小孩的父親，頓時變成小孩般，握緊慈濟人的手，那身軀微縮的背影令人鼻酸，也令人欣慰世間苦難有愛相隨，是一件多麼可貴的陪伴。

在本土志工的陪伴下，慈濟人來到七十四歲奶奶的帳篷訪視，地震時她的先生與兩個孫子過世，自己也從五樓墜到一樓，受傷臥床。奶奶與女兒及親友共八人住在帳篷內，提到地震仍是難掩恐懼與悲傷。訪視的尾聲，志工帶動帳篷區數十位孩子唱著慈濟歌，也讓他們一起來為老奶奶唱歌，一同關懷。

孩子的歌聲在帳篷區響起，善種子正在播撒，一如音符逸入人心。

訪視行動，直接面在於膚慰創傷心靈、提供物資協助，間接面在於讓善的種苗，就地發芽。澆灌這些小小種苗的，是從一句句的問候裡，開始受到滋潤。

「送平安！」

「我們是來自臺灣的慈濟基金會，來到這裡是要祝福您和您的家人平安。」

「送上證嚴上人的祝福，祝福您早日康復。」

這一連串話語，從國語先譯成英語，再由尼泊爾本地志工從英語譯成尼泊爾語。雖然經過層層翻譯才能溝通，但是從受災民眾臉上露出的笑容，知道他們聽懂了。

逐戶家訪時，人員編制就像一個小小聯合國，訪談中夾雜著中文、臺語、英文、尼泊爾語，介紹慈濟及了解受訪者家中受災狀況；志工與受訪一家人擠在小小帳篷中，雖然氣溫很高，但愛的溫度也很高。

## 讚歎內在的生命

七點八級的地震，劇烈震盪了許多人的人生，許多受災民眾在接受慈濟志工的幫助後，決定投入志工訓練，讓自己也成為自助助人的一股力量。

有一位就讀高中一年級的少女，感恩慈濟給予尼泊爾受災民眾生活、醫療上的援助，她形容：「慈濟來之前，每個人都在哭；慈濟來了以後，每個人都在微笑。這是因為慈濟人幫助我們，並且教導大家如何運用力量幫助別人。」

重建家園是一條漫長的路，任何一股外來力量，都無法永遠與苦難民眾在一起，一步一步牽著他們的手重建家園。然而，外在的力量可以啟引內在的力量，慈濟人用自己的身體力行，去感染與感動更多當地年輕人，接引他們成為尼泊爾未來的希望。

Namaste，當真心說出這句話的瞬間，人們也在自我提醒，要用一種超越物質的態度去觀察他人的生命，不論眼前的人是處於受苦、受難或何種狀態，都彷佛可以看到一束光、彷佛可以聽到天籟，雙手合十讚歎，彼此告訴對方：「你是愛，豐足與平安；我也是愛，豐足與平安。」

再說一次Namaste，我的內在生命，看見並且讚歎你內在的生命！

**【上人開示】**

◎佛教徒要「以佛心為己心」，平等對待一切眾生；願盡一己之力，讓更多苦難人得救。

◎慈濟的一切，都是點滴愛與善累積而成就。只要匯聚人人的善心、表達清淨虔誠的善念，就是對尼泊爾最好的祝福。

# 23 初試啼聲

賑災行動進入第六十天，歷經九梯次賑災醫療團的帶動，尼泊爾當地已有本土的人醫會以及志工，隨著臺灣團隊即將交棒關懷任務，他們也承擔起首次以本土人醫會為主體的義診活動，幫助喜馬拉雅山上的比故修道院的修行人，及附近鄉親共一百一十一人。

## 以本土人醫會為主力

地震後，喜馬拉雅山上的比故修道院包括道場建築、學校、圖書館都全毀，必須靠著直升機來回十八趟，才將五十七位比丘尼全數安全救出，暫居加德滿都，努力適應著新環境。

慈濟一直關注著這一群修行人，六月二十七日，賑災醫療團來到僧侶們的暫居處，照顧他們的健康，也照顧鄉親。

特別的是，這是第一次以尼泊爾本土人醫會為主力的義診活動，除有本地的六位人醫和六位本地志工熱烈參與，另有三位臺灣醫師與一位新加坡醫師從旁協助。

本土人醫會初試啼聲，各項準備工作都進行地有條不紊，不僅醫藥與發放物資數量齊備，義診場地也寬敞整齊；當志工抵達時，比丘尼已在等待區候診，現場依序安排有掛號、量血壓及六個門診，看診後的領藥及領藥等候區，甚至連志工用餐區都面面俱到，從動線安排足見他們的謹慎用心

義診前，眾人同聲唱誦〈祈禱〉，莊嚴溫馨的氛圍相當攝心，隨後慈濟志工和本地志工為比丘尼介紹竹筒歲月，僧侶們內心的感動一一化為歡喜的布施。

本土志工在等候區發揮極大良能，帶動手語、分享靜思語，讓患者在候診的同時，也能進一步了解慈濟。

## 傳遞愛的能量

尼泊爾人醫會首場義診在眾人齊心努力下順利展開，從第一到第九梯次幾乎全程參與賑災工作的尼爾蒂斯．釋迦醫師，對於本地人醫開始第一次義診感到很興奮，雖然未來還有很多事要面對，但他有信心、責任與使命，承擔並傳承。他也相當謹慎，在義診一開始就特別前去關懷掛號櫃檯的狀況。

勝偉醫師用心傾聽僧侶述說病徵；Sait醫生很敬佩證嚴法師的願力，他非常仔細聽診，還自備血壓計為病人服務。他說，其他團體的義診病人還需付一點費用，但是慈濟人醫會分文不收，完全只為病人健康著想，對貧窮的人來說幫助很大。

六月二十九日視訊會議，尼爾醫師透過翻譯分享，尼泊爾慈濟人醫會目前有七位成員，每週一次義診，並與醫院合作服務病患。

證嚴法師欣見近日發放及愛灑皆由本土志工規劃主導，義診也由尼泊爾人醫會醫師承擔。「當地人有投入的熱情與助人的愛心，災區重建就有希望！」他期許尼泊爾年輕人承接重任、傳遞愛的能量，讓佛教的無私大愛，在佛陀的故鄉發光發亮。

**【上人開示】**

◎全球的真誠祝福，啟發在地愛心能量；當在地力量成為主流力量，就能為社會「固本」。

◎苦難人間，唯一的享受就是「愛」。接受愛的人，感受溫暖；付出愛的人，輕安自在。有愛的人生，最有價值。

## 24

# 四大志業深入尼泊爾

尼泊爾援助關懷進入中長期計畫之後，主要的目標是將慈濟的四大志業深入當地。賑災團第十梯次與第十一梯次於八月二十二日返抵臺灣，帶回滿滿的感動與收穫。慈濟志工施啟智說：「慈善、醫療、人文、教育，都有派人在當地跟他們本土志工互動，這個成績在一個月來做得還不錯。」

在尼泊爾深耕慈濟四大志業，是此梯賑災團的首要任務。慈善方面，目前已經建立起在地的基本支援和訪視系統；醫療部分，則是組織了當地的醫生護士，展開義診與往診；有許多年輕人陸續投入人文真善美志工，記錄當地人文軌跡；教育方面的進度是組成教師聯誼會，和五十八校教師交流，為在地學生蓋的簡易教室也一一啟用。

施啟智說：「二十所學校陸續啟用簡易教室，有的五間，有的三間，有的兩間，移交給當地學校使用，繼續下去總共大概會有一百間以上，都會在那邊繼續做。」

另外，培訓當地志工也是賑災團的中長期目標；透過志工的輔導，目前已有超過八十位的本土志工。慈濟志工邱玉芬說：「他們都是正在發心的種子，很希望成為一棵大樹，所以希望慈濟永遠不要離開尼泊爾，陪伴他們成長。」

## 關懷永遠在

在賑災團告別尼泊爾回來臺灣之前，八月二十日，慈濟志工邀約本土志工進行一場感恩茶會。茶會氣氛溫馨，大家一起祈禱，彼此相互感恩，不管距離多遠，慈濟志工的愛永遠都在。

感恩茶會上播放一段段影片，大家看著看著都不禁紛紛拭淚。尼泊爾本土志工瑞塔說：「看到有人沒有房子住，親人也不在了，他人痛苦，自己也覺得難受。」

強震牽起因緣，志工用行動劇表達內心的感恩。地震後，尼泊爾人民失去家園，失去親人還受傷，慈濟志工來到後給予幫助，雙方建立好情感，受災鄉親也成為付出的人。

慈濟志工黃文興說：「這些年輕人很會把握因緣，雖然自己可能經濟不大好，但是他們知道有機會付出，就很願意投入，真的很棒。」

本土志工徐佳娜說：「我是慈濟的一份子，我現在可以這麼說，你們是我的兄弟姊妹。」用愛點亮心燈，不管距離多遠，慈濟人的心跟尼泊爾緊緊相繫。慈濟精神逐漸在尼泊爾開枝散葉；而當地志工的承擔更延展了這份長情，讓關懷永遠在。

**【上人開示】**

◎彼此互相激勵、互相感動，掃除過去的災難陰霾，打開心門就能見到光明。

◎慈濟人「生命共同體」的理念，來自佛陀的教育；期待人人回歸清淨無染的本性，以慈悲等觀的心，為人群無所求付出。

# 25 慈悲科技在佛陀故鄉

慈濟志工賑災的腳步走遍世界各地，為了因應受災民眾物資需求，結合來自各方實業家，成立國際人道援助會，研發各項慈悲科技產品，包括環保毛毯、太陽能LED帽及福慧床等，一波波輸往災區，膚慰鄉親飽受折磨的身心。

為了提升救災能力，以便在災難發生時發揮最大的賑災量能，慈濟人不斷研創各種賑災救難設備與物資，相繼投入全球人道援助之中。尼泊爾震災發生後，慈濟志工也攜帶這些產品深入災區，膚慰鄉親。

**福慧床帶來安穩的膚慰**

尼泊爾災後餘震不斷，受災民眾難以安眠，不管大人或小孩，都在路邊或泥沙地上就地而睡，讓人不捨。六月雨季來臨，帳篷區鄉親隨時都可能遭遇淹水之苦，因此在賑災初期，慈濟就從馬來西亞、中國大陸及臺灣等地調度福慧床空運到尼泊爾，並從六月十七日起，分別在奇翠巴蒂、斯瓦揚布納特寺、曼索里、波帝及立巴利等受災民眾聚集的帳篷區發放，讓鄉親免於身陷泥濘的窘境。

鄉親領到物資後，一回到帳篷，就趕緊鋪起床鋪，開懷笑說：「今後不用再睡在地板上了！」由於災區物資匱乏，許多人想要的就只是一張床，有一位當地民眾說：「災後只有慈濟帶來我們最需要的床。」

此外，慈濟也捐贈福慧床給尼泊爾衛生部、馬達普醫院、蘇希瑪・寇瑞拉紀念醫院及加德滿都大學附屬醫院杜利克爾醫院等，協助醫院紓解病床不足的困境。

慈濟在尼泊爾賑災期間，總共發放與捐贈福慧床七千兩百一十五張，安頓鄉親疲乏的身心，免受夜不成寐之苦。

福慧床的研發，緣起於二〇一〇年夏天，巴基斯坦遭遇世紀水患。災區一位甫出生十多天的小女嬰夏娜，因為家園被洪水沖毀，羸弱細瘦的小小身軀裹著一條薄巾，就這樣躺在濕濕冷冷的地上。這一幕映入證嚴法師眼中，內心十分不忍，希望慈濟志工研發「一張簡便舒適的床」，在民眾頓失居所時，能給予安穩的膚慰。

三年後，含融慈悲心念的「淨斯多功能福慧床」終於研發成功。拉開是一張單人床，折起來是椅子，還能「提」著走，可隨時因應災區的需要，讓受災民眾在驚惶之餘，身心也能暫得歇憩。

福慧床的許多貼心設計，源自於慈濟數十年來的賑災經驗和體會。床身鏤空並且離地三十公分高，即使大雨宣洩不及而發生積水，民眾也能安然在福慧床上休息，不致於在潮濕環境裡坐臥難安。另外，鏤空設計可以減輕重量，方便搬運，減少物資運輸時的碳足跡。儘管床身輕，成人單手便可提起，但承載重力卻可達一百五十公斤。

隨著慈濟人救災的足跡，福慧床已分送至菲律賓、馬來西亞、尼泊爾、厄瓜多等國家，也運用在臺灣幾場大型賑災行動。這不但讓慈濟賑災更貼近受災民眾的需要，更獲得許多國際肯定與讚賞，包括二〇一四年德國紅點設計大獎（Red Dot Design Award）「最高品質獎」等數項國際設計大獎的肯定。

## 太陽能LED帽照亮夜晚

慈濟志工到各地賑災時，經常面臨沒水沒電的情形，太陽能LED帽於是應運而生。帽子上的太陽能板，白天能自動充電，轉化成發光的能源。只要每日維持充足的陽光或日光燈照射，即無須再使用任何電源，同時也能用室內燈光充電。因為結合了實用與創意性，在第二屆臺灣綠色典範獎中，太陽能LED帽獲得肯定。

慈濟前往尼泊爾賑災時，許多受災鄉親過著沒水、沒電、沒食物更沒藥品的日子。

為爭取時間，醫療團入夜後仍不歇息，在沒有電的夜裡，團員就是靠著帽子上微弱的燈光走過田埂，走進帳篷區，關懷受災鄉親。

五月二日晚間，在巴塔普醫院進行骨科手術時突然停電，慈濟醫療團的醫師也是用太陽能LED帽充當緊急照明，直到完成手術。

## 淨水器解燃眉之急

尼泊爾地震後，因為水源及輸水管受到破壞，災區鄉親連生活飲用水都難以取得。特別是在尼泊爾古城區，下水道系統已很老舊，汙水和自來水管線沒有分開，地震後管線破裂，飲用水受到汙染，影響居民飲用水的衛生安全。

距離加德滿都七十多公里遠的卡達巴斯（Kadambas），村裡百分之九十的房屋震毀，唯一的一口井水也不能喝了。村民必須翻山越嶺，走過半個山頭，才能取得乾淨的飲用水。

為了幫助受災鄉親，慈濟加拿大分會與全球醫援會（Global Medic）合作，準備八百四十個淨水器，從加拿大飄洋過海運到災區，解決受災民眾的燃眉之急。慈濟提供的淨水器具備過濾及殺菌功能濾心，可以接收雨水或河水，一個七口成員的家庭，可以使用大約一年，兼具衛生安全及經濟效益。

六月六日晚間，八位慈濟加拿大志工自多倫多搭機前往尼泊爾。六月十一日，即在卡達巴斯發放八十個淨水器及用品包給受災民眾，確保他們用水的清潔與個人衛生；六月十八日，再於杜巴廣場周邊進行第二次發放，滿足鄉親最基本也是最迫切的需求。

## 香積飯即時溫飽

為了緊急援助尼泊爾震災，臺灣與印尼慈濟人空運接力，於四月三十日透過印尼軍方人道救援專機，運送包括香積飯等賑災物資前往尼泊爾。

五月三日起，慈濟志工在災區成立香積站，由印尼慈濟志工教導當地以工代賑的香積志工，煮出美味可口的香積飯，親手將熱食分給受災鄉親。五月十五日，慈濟第二批包括香積飯等賑災物資再度送達，繼續提供賑災志工與受災鄉親營養均衡的熱食。

災區經常沒電、沒瓦斯，香積飯既有營養又方便調理，只要以熱水沖泡二十分鐘，就能有香味四溢的安全熱食，可以供應民眾充饑果腹。

既使以冷水浸泡也能食用的香積飯，隨著慈濟在國際賑災的腳步，讓志工、貧苦或受災鄉親得以飽餐。尼泊爾賑災期間，慈濟一共提供香積飯七噸，供餐七萬八千八百五十人次。

## 【上人開示】

◎佛陀「慈悲等觀」，以慈悲心平等對待一切眾生。慈是予樂、悲即拔苦，希望天下人都能平安、快樂，以同理心為眾生解除苦痛。這也是慈濟人在尼泊爾強震之後，立即動員前往救助的原因——以「人傷我痛，人苦我悲」的同體大悲之心，視天下眾生為一體。

卷二

# 佛教東傳 西饋回歸

慈濟的國際賑災腳步已走過二十五個年頭，
足跡所及遍布九十四個國家地區，
於援助尼泊爾而言，
慈濟人自踏上佛教發源地的第一步，
這一步，所象徵的是佛教東傳兩千多年來的長久薰陶、
慈濟半世紀的悲智腳步、
慈濟國際賑災四分之一世紀的援助軌跡。

以如此深遠時空的累積蘊蓄，而緣苦入境，
投入於佛教緣起的古老大地，
是救災、是救苦、是救難，
更是念報佛恩，
把佛法帶回佛陀故鄉，
意義自是無比特殊。

# 26 四月初八佛誕辰

一個草木豐美、鳥囀蟲鳴的春天，即將臨盆的迦毗羅衛國王后摩耶夫人，正走在從王宮回娘家待產的路上。

路經藍毘尼園，摩耶夫人看到園裡綠草如茵、百花齊放，於是漫步其中，在一棵蓊鬱蔥蘢的無憂樹下休息。無憂樹枝葉茂如傘蓋，當她抬起手攀扶著柔軟垂枝，突然間，覺得腹中有些異樣，就在這個漫天彩霞的時刻，釋迦太子誕生了。

晚年得子的淨飯王，對太子寄望殷切，特地請來著名的婆羅門教徒，為他取名「悉達多」，是吉祥及一切功德成就的意思。三十五年後，出身於王宮的悉達多，在菩提樹下證悟成佛。

## 超越時空的人間行者

佛陀誕生人間這一天，以中國農曆而言，是四月八日，這個吉祥喜慶的佛誕日，在兩千五百多年後，二〇一五年農曆四月八日，卻是一個因緣巧合、寓意深沉的日子——這天既是佛誕日，也是尼泊爾地震滿月之日。

在這一天的早會時間，證嚴法師感恩佛陀出生在人間：「佛法歷久常新，道理恆久不變。佛陀出家修行而覺悟成道，說法接引眾生，引導人人契入真理、消除煩惱、提升智慧。」

佛陀是真實的覺悟者，以親身體現的真理教化度眾，以慈心悲願救世救人，人間行者不朽的示現，成為佛教入世的基本精神。

慈濟人接受佛陀教法，力行「佛法生活化、菩薩人間化」，視天下人如己親，不忍眾生受苦難。雖然與尼泊爾非親非故，卻願意走入苦難之地，在餘震不斷、常有風雨的殘破災區，長久堅持，天天為受災民眾奔走付出。證嚴法師讚歎：「大雄大力、慈悲哀憫眾生，不只是佛陀的大威德；只要有心，人人都做得到。苦難的地方，就是菩薩的道場；要感恩苦難眾生成就我們的菩薩心、歷練我們的四弘誓願。」

佛陀出生在尼泊爾，為後世留下寶貴的佛法，證嚴法師期許慈濟人，未來在尼泊爾這條菩薩道上，「要將佛法回歸到尼泊爾，讓當地人民知道，佛法是自己國度的一位大覺者所弘傳出來；讓佛法再回歸佛陀的故鄉，讓佛法在尼泊爾可以再起，發揮它救世的精神。」

## 摩耶夫人祠

當年摩耶夫人生產後，內心歡喜但身體虛弱，七天後就往生了，稚嫩的太子即由姨母摩訶波闍波提，進宮養育。

而今，藍毘尼園的核心聖地「摩耶夫人祠」，就建造在原為祭祀摩耶夫人的古祭壇上方。古祭壇在一九九五年拆除，第二年，由聯合國資助的考古人員在其地下五米深處，發現十五個房間的地基遺址，經過數次的考證後，鑑定為佛陀誕生地，因而建蓋房屋加以保護。

「摩耶夫人祠」的方形建築，莊嚴典雅，設計別具一格，白色外牆環護著的，就是考古發掘遺址的現場。其中最重要的聖物是一塊石板，標示的文字意為「佛陀誕生地」。

泥板上方，有一塊刻繪佛陀出生場景的黑岩石雕，摩耶夫人右手攀扶在無憂樹的枝條上，新生嬰兒悉達多太子在前方舉著右手，端立在近旁的蓮臺座上，象徵七步生蓮的寓意。

在藍毘尼園裡，當年佛陀誕生時的無憂樹，早已枯萎不復可尋，取而代之的是一棵古老的菩提樹，而這棵樹也已成為藍毘尼園的代表性標誌。

摩耶夫人祠旁，一口數十平方公尺大的方形水池鑑照藍天，明澈如鏡，相傳是摩耶夫人沐浴和釋迦牟尼幼年洗澡的地方。

## 「可愛」之地

位於尼泊爾南部、鄰近印度邊境的藍毘尼園，隸屬於藍毘尼專區，距離加德滿都約兩百八十公里，西元一九九七年，被列為世界文化遺產之一。其梵語發音，中文是「可愛」的意思，也是全球佛教徒的朝聖處之一。

藍毘尼園經過尼泊爾政府一番整頓後，朝聖者一步入，即可感受到幽靜雅致，兩千五百多年的遺蹟，依舊安然躺在翠綠的草地上。從入口大門進到公園範圍，周遭綠樹成蔭，路的盡頭左右兩側，分別是梵文及英文的五戒（不殺生，不偷盜，不邪淫，不妄語，不飲酒）銘刻石碑。

藍毘尼的居民民風純樸，生活寧靜，兩輪水牛木板車行於路上，村民依然使用乾牛糞作為燃料，一樣還是住在用黏土及乾牛糞混合蓋出的房子裡，所有的一切都透露著一股濃烈的古老生活氣息。

一九七八年，因為希望藍毘尼發展成為國際佛教聖地和旅遊中心，聯合國教科文組織及藍園開發委員會進行規劃設計，但此發展對當地居民並沒有多大助益，現在的藍毘尼園，到處還是一片曠野荒林，因為缺油，路上幾乎沒有車輛行駛。

悉達多太子誕生在這裡，佛法的源頭由此開始，改變了印度的宗教及文化發展，乃至全人類的未來。

當年玄奘法師西行取經，讓佛法得以東傳；慈濟人蒙受法乳，感恩佛陀的教導，近半世紀來力行佛陀慈、悲、喜、捨精神，為人間拔苦予樂，因地震而緣苦入境，將佛法帶回佛陀的故鄉利益蒼生。

**【上人開示】**

◎要將所學佛法回饋佛陀的故鄉，用心度化當地民眾，將善法的種子再度撒播在這片土地上。

◎人間多苦難，只要人人以清淨無私的愛互助，就能凝聚愛的能量，減輕災難之苦。期待人間菩薩「一」生「無量」，有朝一日能蔚為菩提林，庇蔭天下苦難人。

# 27 佛教源頭藍毘尼

一場世紀強震，牽起千里因緣。慈濟人在尼泊爾落實人間佛法，二〇一五年八月，更溯返佛教源頭藍毘尼，首次在佛陀出生地，進行醫療與教育的勘察行程。此行共有來自臺灣、中國大陸、美國、馬來西亞、菲律賓、印尼、尼泊爾等七個國家的二十二位慈濟志工，一起踏上這處全球佛教徒的朝聖之地。

## 難以言喻的情感

心頭一股難以言喻之情，是許多佛教徒置身此地共同的觸動。

佛陀時代，距今已是兩千五百多年前。回溯歷史足跡，慈濟志工全球總督導黃思賢，在佛教發源地談起佛法弘傳的脈絡，「當年玄奘法師將佛法東傳，中國大陸很多佛教法師，比如印順導師那一代人，再將佛法傳到臺灣，經過上人帶領慈濟人發揚光大，現在等於是把佛法如牛奶一般，回饋給佛陀的故鄉，可說是佛法東傳、法乳西饋。」

法義西回佛故土，對於佛法式微的尼泊爾，意義重大。藍毘尼當地寺院多，很多國家也來此興建佛教寺院，但佛陀故鄉的大部分子民，對佛法的認識卻少之又少。

出生於藍毘尼的邁特亞法師感慨深沉：「世界上的人都認識這個地方，因為這裡是佛教的發源地，但很諷刺的是，現在當地人卻不知道佛法，也不了解佛法的好處。」

悠緩的生活節奏、落後的經濟條件，是藍毘尼呈現出來的整體氛圍。當地人雖靠觀光及農業維生，但長久以來的貧窮和醫療匱乏，並沒有因此得到改善。人們沒錢看醫生，即使遇到緊急醫療需求，也常因交通不便而拖延就醫時間。

慈濟人實地走訪藍毘尼，發現一樁樁貧病村人痛失至親的事件。醫療資源缺乏最嚴重的問題之一，就是每年有許多人被毒蛇咬死，因為就醫不便，加上醫院沒有毒蛇咬傷用藥，被咬傷者只能消極的放棄治療。

邁特亞法師說：「我從小在這裡長大，看到很多人受苦難，都是因為沒有醫療資源。藍毘尼與附近的地區有一百六十萬人口，每年都有許多人被蛇咬傷，卻沒辦法治療，這種事常常發生。」

對外只有一條主要道路的藍毘尼，貫串著長久以來古老的生活方式，許多人家家徒四壁，簡陋床鋪是唯一大型家當；大部分民眾教育水準不高，傳統文化下的女人不出門工作。貧病交煎讓藍毘尼人民，有著許多無奈的辛酸事。

北京慈濟志工韓銘，看到藍毘尼村民貧苦的生活景況，於心不忍，自勉秉承佛心師志，「為佛教、為眾生」盡力付出。「人窮『志不窮』，人生還是有希望。」證嚴法師因此期勉人人見苦知福，把握今生之福，而再造福。

## 行菩薩道，回饋佛陀故鄉

慈濟志工返國後分享參訪藍毘尼的心得，證嚴法師談到佛典記述佛陀出生時的異相，例如出生時就能走路、說話等傳說故事，教示大家學佛要學習佛陀的精神理念，注重佛法道理，而非神通變化。

「佛陀是覺悟的聖人，與你我相同，身體都是血肉之軀，也需要天天進食、補充營養；佛陀也有身體不適、生病失調的時候，還曾經因為踩到枯枝被刺傷，甚至病倒。由此可見，佛陀和一般人一樣，若將佛陀傳說成擁有飛天鑽地、無中生有的神通者，會讓人迷失。所以我們要讓佛法生活化、人間化，身體力行佛法，以身作則帶動人。」

證嚴法師以「神通」作比喻，「大家來來回回，為了救災而從臺灣到尼泊爾，對尼泊爾人民來說，你們都是從天而降的菩薩，跨越三千六百多公里的距離而來；在救災同時，你們也發揮教育良能，感化許多人成為願意付出的人，也可說是『神通』廣大。」

懷抱使命在尼泊爾發揮慈悲、智慧，證嚴法師期許慈濟人要向當地志工傳達佛教精神，傳達慈濟對佛陀的尊重，讓他們珍惜生活在佛陀出生地的因緣。

「尊重佛陀，是因為佛陀展現了令人敬佩的精神理念，所以我們以佛陀為典範而用心學習。」證嚴法師強調：「學佛，就要行菩薩道，要讓尼泊爾志工了解何謂『人間菩薩』；不是對著佛菩薩塑像禮拜、誦經、用手轉經輪就是修行了，佛法是可以身體力行的，人間菩薩也是實踐佛法而做出來的。」

## 來自藍毘尼的泥土

尼泊爾實業家巴山・查德里，感動於全球慈濟人對尼泊爾的付出，因而投入志工行列，發揮賑災力量。二〇一五年六月間，他在馬來西亞慈濟人郭濟緣陪同下來到臺灣，專程參訪慈濟。此行之前，他特地親自前往藍毘尼，帶了當地泥土，盛裝在盒中，獻給證嚴法師。

證嚴法師感受到查德里的誠懇用心，殷殷期盼他將慈濟精神帶回尼泊爾，讓佛法回歸佛陀的故鄉。

華梵大學人文研究中心黃英傑博士，在其一篇文章裡曾如此寫道：「西藏佛教專書中，薩迦茶派法王究給赤千仁波切在《藍毘尼園的故事》一書指出：「《根本說一切有部律．雜事分》中，佛陀所說降生、成道、轉法、涅槃等四大佛弟子必須朝禮的聖地，以誕生地藍毘尼園最為重要。如果沒有佛陀降生娑婆，就沒有所謂的降魔成道、轉動法輪等事蹟。因此，確實如尼泊爾學者所申明的，尼泊爾才是世界佛教的源頭。」

佛教源頭如今因為難以動搖的種姓制度，致使社會流動性和發展的可能性徹底被阻斷。黃英傑在文中慨嘆，二〇一五年的世紀大地震重創了尼泊爾，然而許多不幸罹難、受災者，礙於種姓制度無法公平地被救助，在佛陀的故鄉不能伸張眾生平等，何其哀痛！這也正是許多佛教徒心中無比沉重的遺憾。

**【上人開示】**

◎身體力行，將佛法道理落實在尼泊爾，也將佛法傳回尼泊爾人的心中，這就是身為佛弟子，對於佛陀故鄉的最佳回饋。

# 28

# 藍毘尼的菩薩道

引領慈濟人參訪藍毘尼的邁特亞法師，是一位年方二十九歲的青年僧侶。出生於虔誠信仰印度教家庭的他，九歲時遇見一位比丘尼，從此隨師學習佛法；十四歲那年，初知慈濟大愛遍及全球，心中便懷抱拜見證嚴法師之願，卻一直未有因緣來到臺灣。

## 創造美善循環，從教育開始

認識證嚴法師的佛法理念之後，邁特亞法師開始將佛法落實於生活中，「必須要走入社會去幫助別人，去了解別人的痛苦，我從證嚴上人身上所學到的，就是這樣的人間佛教實踐方法，這對我來說是很大的啟發。」

雖然空間距離遙遠，但邁特亞法師對證嚴法師的法教體會深切。從打坐誦經而走入人群，他知道唯有依靠實踐與行動，才能真正推廣佛法。

生長於藍毘尼的邁特亞法師，對於當地教育資源的不足感受極深，他慈悲濟世的腳步，從投入教育興學開始。興建學校的迫切感，與尼泊爾的文化背景有關。當地民眾認為女兒對家庭的貢獻度太低，往往在她們五、六歲時就為其婚配，但嫁到夫家後，常受到非理性對待；有的少女則被父母賣往他鄉，人生從此淪落。

不幸的母親會造就不幸的下一代，要終止這個惡性循環，唯有從教育做起。邁特亞法師至今已經成立三所學校，超過一千一百位學生就讀，從基本的衛生習慣、英文、數學、電腦、裁縫到專業技能等，都可以免費接受教育。

最初創校時境況非常艱難，邁特亞法師有時連一毛錢也沒有，但為了讓當地孩子接受良好教育，他堅持不放棄。

邁特亞法師回首創校之路：「我們一個村走過一個村，靠著朋友的關係，靠著年輕志工的友誼，一路上有村民捐出竹子和茅草等材料，有長者幫助我們蓋學校。我們也邀請鄰近村莊的人一起來協助，第一所學校就是這樣開始的。」

慈濟全球志工總督導黃思賢有感而發，「慈濟的路也是一樣，一路走來四、五十年，都非常的艱辛。上人從當年的三十位家庭主婦，而至蓋醫院、蓋大學、提倡骨髓捐贈，到現在國際賑災，都是非常艱辛，但是我相信，只要有願力就可以成就。」

慈濟志工聽聞藍毘尼婦女所遇到的教育困境，都感到非常不捨，黃思賢感佩邁特亞法師的投入，都是為眾生而努力；在佛陀的出生地，如何將大乘佛法興盛廣傳，力行人間菩薩道，是佛弟子的使命。

## 充滿希望的願景

慈濟志工的藍毘尼訪視行程中，包括邁特亞法師創辦的兩所學校，眾人關心孩子的求學狀況，特地來到學校中愛灑祝福。在邁特亞法師興辦的第一所「梅塔學校」裡，全校七百多位學生的歡迎隊伍，從村子裡延伸到校門口，哈達、鮮花與花環，表達了對慈濟人的滿滿祝福。

在校園的一棵大樹下，孩子們和慈濟志工相見歡，除了身兼翻譯的隨團醫師勝偉向孩子們介紹慈濟之外，七國志工一起唱跳的「認識你真好」，讓學生們看得目不轉睛。在輕快的音樂裡，不時響起熱烈的掌聲，大樹下的人文薰陶、溫馨互動，孩子們笑容滿面，邁特亞法師和黃思賢也洋溢歡喜之情。

成立於二〇一三年的「卡如娜女子學校」，是一座鋼筋水泥的堅實建築，慈濟志工和學生互動，導入人文精神，介紹「感恩、尊重、愛」以及「慈、濟」的手語。因為學生都聽得懂英文，學習得很開心，笑聲不斷，歌聲輕揚。

在電腦教室裡，慈濟志工關心學校的電腦設備狀況，邁特亞法師表示，再辛苦也要讓孩子學習電腦，未來才有擺脫苦力工作的可能，目前基本的課程尚可應付，而孩子的學習態度都非常認真。

由於學校近在村旁，在家帶孩子的婦女可以趁著白天學習新知識、習得一技之長。全校學生大多出生貧困，學費全免，最高的十二年級畢業生，已有數位申請護校，日後將成為護理人員服務自己的鄉親。

## 緣起不滅，賑災路上巧重逢

邁特亞法師與慈濟的因緣，冥冥之中潛蘊多年。他在偏村辦學、幫助鄉親擺脫貧苦命運，但由於物資和經濟遇到困難，在二〇一五年四月前往美國慈濟曼哈頓會所，向慈濟人請益。邁特亞法師將長久以來對證嚴法師的敬仰之情，化為與慈濟人的善緣會遇。

同年四月下旬尼泊爾遭遇強震，邁特亞法師號召鄉親，領導一群當地團隊，將塑膠布製成帳篷，提供受災者一個遮風避雨的地方。但帳篷供不應求，邁特亞法師幾乎已經付不出購買防雨布的經費，就在這時，恰好與千里來援尼泊爾的慈濟人，在重災區巧遇。

黃思賢直歎因緣真是不可思議：「全世界這麼大的空間，居然我看到他，他看到我，就這樣聯繫上。」雙方開啟另一段合作救災因緣，邁特亞法師說：「我對慈濟基金會感覺很好，在佛陀的故鄉感受到證嚴法師的慈悲與力量。」

兩個多月的時間，九個梯次的賑災醫療團與幾百位志工，在尼泊爾接力付出，讓邁特亞法師備受感動。「現在是我們最脆弱的時刻，人民處在驚恐中，我很感恩，我要對全球慈濟人表達我的感謝。」

在最後一梯次醫療團離開當天，邁特亞法師親自前來與慈濟人見面：「我深深感激你們的仁慈以及奉獻。感謝你們對尼泊爾人民所做的一切，非常感謝。」

弘揚大乘教法，走入人間自利利他，在佛陀的出生地依循如來足跡，期許找回失落已久的佛法，落實在人間。

**【上人開示】**

◎佛法的「三輪體空」，聽來很深奧，其實對慈濟人來說，平時所做的慈濟事，就是在實踐「三輪體空」的精神——既不執著於我是付出的人，也不執著有誰接受我的幫助，不去計較我付出了多少，總是認為對的事，做就對了。

# 29 從無憂樹下，到娑羅雙樹下

釋迦牟尼佛示現於娑婆世界的人間，是兩千五百多年前，在印度北方釋迦族所建立的迦毘羅衛國。當時的國王姓喬達摩，名淨飯王，娶天臂城國王的女兒耶輸陀羅為妻，名為摩耶夫人。摩耶夫人四十五歲時，在藍毘尼園的無憂樹下生下太子，取名為「悉達多」，是「一切義成」的意思。

根據《法華經．如來壽量品》中所述，釋迦牟尼佛早在無量劫以前，就已經成佛了，但為了啟發煩惱深重的眾生，因而示現與一般人相同的生命歷程。這段歷程稱為「八相成道」，包含降兜率、入胎、出胎、出家、降魔、成道、轉法輪（說法）、涅槃等八種示相。

釋迦牟尼佛為了要在娑婆世界成佛，以便度化五濁惡世的剛強眾生，因此經過三大阿僧祇劫的修行，遍歷五道的輪迴，捨頭目髓腦，國城財寶，廣行六度萬行。當福德與智慧的資糧圓滿了，眾生得度的因緣也成熟了，終於在兩千五百多年前，示現八相成道，投生為淨飯王的太子悉達多。

## 阿私陀仙的預言

悉達多太子的誕生，舉國歡騰，有一位能知曉過去未來的外道修行者阿私陀仙，主動來到王宮請求為太子看相。

阿私陀仙恭敬地端詳太子，忽然，哭了起來。

國王見狀擔心極了，急問原因。

阿私陀仙回答：「太子相貌具足，如果能好好領導國家，將來就是轉輪聖王，能使天下人民安祥和樂；如果能脫俗修行，將成為千古聖人，利益普天下眾生。」

國王問：「既然如此，為什麼你會這麼悲傷？」

阿私陀仙說：「我是為自己悲傷，我年紀這麼大了，雖然今天能親眼看到太子，卻無法等到太子修成正果，無法聽到大覺者的說法，這是我最大的遺憾！」

淨飯王當然期待太子能繼承王位，內心深怕他將來走上出家的路，因此竭盡所能給與最好的享受，並且嚴密保護，不讓他看到人間有生老病死，或任何醜陋殘缺的現象。

太子雖然從小深居宮廷，享盡種種榮華富貴，但完全沒有染汙他的清明宿智。有一天太子出城郊遊，先後在迦毗羅衛國的四個城門，分別遇到身形佝僂的老人、生命垂危的病人、往生送葬的隊伍，種種他前所未見的悲慘景象，讓他心中非常震撼！

這番機緣，促使太子深刻省悟到生命無常，人生無論如何，都離不開生老病死的痛苦。同時也觸動他超乎常人的敏銳心靈，思索自身所居的宮廷。放眼當時的社會，四姓階級分得清楚嚴明，奴隸就是奴隸，窮者為窮，貴者為貴。為什麼人與人之間差別會那麼大呢？既然同樣都是老病死，又為什麼有種姓制度階級之分？而心靈的煩惱人人都有，那麼能夠突破這個煩惱的奧祕到底是什麼？道理究竟存在哪裡？如何才能脫離生老病死這四大苦？如何才能不分階級，人人平等、互相尊重？

太子想起那天在城門，還有遇到一位出家修行者，儀容祥和自在，氣質超塵脫俗，讓他生起無限感動與崇敬。從此，開始動了出家修行的念頭，他要追求人生真諦，解脫人生之苦，救渡眾生。

## 出家苦行

一個歌舞宴樂之後的夜晚，當所有美麗的宮女都醉得東倒西歪，脂粉凌亂，面對滿室的杯盤狼藉，悉達多太子心中再也沒有任何留戀，決定趁夜深人靜之時，逾城出家而去。

那是農曆的二月初八，不忍眾生苦的一念心起，太子就此離宮修行。

當時印度的宗教非常繁雜，九十六種宗教的修行方法各不相同。悉達多首先到了毘舍離的苦行林，學習修苦行的方法。

在這裡，他看到形形色色的苦行者，不論是披草衣、穿樹皮、臥泥地，或是裸身曝曬、單腳站立、身躺釘板，還有一日一米、斷食一月乃至長達三個月……苦行者認為，透過諸如此類使身心飽受痛苦煎熬的作為，最後可以達到生天的目的。

面對種種修行方式，悉達多心中感觸良深，他認為求生天界並不能真正解脫煩惱。於是，他離開苦行林，繼續尋師訪道。

當時王舍城附近的修行者，最常見的修行法，不是苦行就是禪定。所以，悉達多離開苦行林後，即南下摩竭陀國，追隨阿羅藍仙人與鬱陀仙人，學習禪定。

他很快獲得禪定成就，甚受兩位仙人讚賞。但他發現，禪定固然可以獲得輕安快樂，但也只是一時，無法徹底解決人生的苦惱。

於是，他繼續前往更深的山林修習，後來到了尼連禪河邊的森林，嘗試更為艱困的苦行，日食一麻一麥，以禪悅為食，風雨無阻。

如此日復一日，度過六年苦行，大自然的種種考驗、肉體承受的各種艱苦，他都克服過來了。「但這樣能覺悟天地宇宙的真理嗎？」悉達多如此自問。

直到有一天，他感到體力不支，虛弱昏沉。他覺得，苦行不是究竟之道，無法得到最後的解脫，徹底克服煩惱，於是毅然放棄苦行。

帶著羸弱的身軀，悉達多走到尼連禪河沐浴，一時身體虛脫，昏倒在地。一位牧羊女看到了，趕緊取來一杯乳糜，供養這位消瘦至極的修行者。

## 證悟成佛

悉達多恢復體力之後，步行到菩提伽耶，就在一棵菩提樹下，鋪好草墊，安然端坐，並且立下誓言：「若不成正覺，不起此座！」

從那一刻起，他凝然靜默，進入甚深思惟中，探索宇宙萬物真諦。

人間凡夫要成賢成聖的入門時刻，內在的正反力量劇烈拉扯，心的魔障現前，處身之境彷彿天搖地動。

禪定中的悉達多，有魔女來引誘擾亂，有眾惡羅剎來脅迫，五欲妄念張狂，猶如各種利刃兵器加諸在身，但都無法傷害金剛座上意念堅定的悉達多，他一一降伏了所有魔境。

脫除一切魔擾，此時悉達多的心，就如一片澄澈不染的鏡照，和大地萬物相接，靜寂清澄，志玄虛漠，那一念永恆之心，守之不動，億百千劫，大圓鏡界智慧現前，終於在一片清朗的夜空中，目睹明星，豁然大悟。

證悟成佛的悉達多，發出讚歎之語：「奇哉！奇哉！大地眾生皆具如來智慧德相，只因妄想執著，不能證得。」悉達多徹底覺悟了生命的真諦，成為人間的佛陀。這一年佛陀三十一歲。

佛陀所徹悟的道理就是「緣起」，然而眾生因為種種妄想執著，而不能證得這真實微妙的道理。佛陀慨嘆真理不易被世人接受，因此寧可永入涅槃。

經過諸多天人誠心勸請，希望佛陀慈悲垂教世間。佛陀心想，自己出家修行本就是為要救渡眾生解脫人生之苦，而今既已透徹真理，不應直取入滅。所以，佛陀接受天人與諸佛的勸請，決定要走入人間，懷著大悲之心，開始度化眾生。

## 初轉法輪

佛陀證悟之後，就前往鹿野苑度化還在苦行中的憍陳如、阿說示、跋提、十力迦葉、摩訶男五個人。

佛陀為他們宣說苦、集、滅、道「四聖諦」，這是佛陀的第一次說法，佛教史上稱為「初轉法輪」。

乍聞佛陀宣說「四聖諦」，第一遍只有憍陳如能體會。

佛陀看著另外四個人，他們都搖搖頭，「不是很清楚。」

佛陀很慈悲，「沒關係，再跟你們說一遍。」於是重新再說一遍。
這一次，另外兩個人聽懂了。
佛陀再看，「你們兩個人呢？」
兩人回答：「有一點了解，不過還是很陌生，有一點點距離。」
佛陀說，「沒有關係，再來，我再為你們說。」所以又說了第三遍。
光是為五個人說「苦、集、滅、道」四個字，佛陀就要說三次，所以叫做「三轉四諦法」。
憍陳如等五人衷心感佩，從此隨侍佛陀，成為佛陀最初度化的五比丘。
當此之際，護持佛教久住的世間「三寶」都已具足：佛寶即佛陀，法寶即四聖諦等教說，僧寶就是五位比丘。

## 遊化度眾

佛陀只為五比丘，就要三轉四諦法輪，何況天下芸芸眾生，必然要適應眾生的根機。因應眾生的根機不同，佛陀為要幫助所有人解脫生死痛苦，在人間說法的四十九年中，開演出種種博大精深的修行指南。天台宗將佛陀這四十九年所說的法，依照內容重點的不同，劃分成五個時期，也就是「華嚴時、阿含時、方等時、般若時、法華涅槃時」。

從鹿野苑開始的前十二年，佛陀所說的法，主要為接引聲聞、緣覺二乘根機的人，屬於「阿含時」。

接下來八年之中，要幫助二乘行者，捨小乘而慕大乘，因此說了大乘的《方等經》。後續二十二年，又為了破除眾人的執著，說了以空性為主的《般若經》。

佛陀說法四十二年之後，看看眾人根機成熟，能夠接受真實究竟的大法，於是開始說《法華經》，闡述一切眾生皆可成佛的核心理念，教導眾人要行菩薩道而成佛。

佛陀自從菩提樹的金剛座起座，到鹿野苑說法為止，弟子眾組成的教團已初具規模。於是，佛陀和弟子們開始展開教化活動。

先是前往摩竭陀國，迦葉三兄弟及其門下千人同時捨棄外道，皈依在其座下，從此僧團組織的基礎愈形穩固。

後來佛陀為摩竭陀國頻婆娑羅王說法，接引王公大臣，國王因此奉獻出郊外的「竹林精舍」，成為教團最初的道場。佛陀率眾在此安居，並展開為期五年的弘法。舍利弗、目犍連、大迦葉、俱絺羅等人相繼皈依佛陀，出家修行。

佛教日漸得到發展後，佛陀回到故鄉迦毘羅衛國，度化其父淨飯王及釋迦族青年，如難陀、羅睺羅、優波離、阿那律、阿難及提婆達多等人。

佛陀從迦毘羅衛國回到王舍城，前往拘薩羅國舍衛城時，度化了祇陀太子與給孤獨長者須達多。祇陀太子與須達多長者共同創建一座莊嚴的道場，稱做「祇樹給孤獨園」，獻給佛陀，作為弘法的中心。這就是佛經中經常提到的「祇園精舍」。當佛陀展開北方的弘法工作時，即率眾安住在此，這裡是佛陀一生中往來居住、弘法度眾最頻繁的地方之一。

佛陀弘法長達四十九年，南北往返，度眾精勤，於竹林精舍與祇園精舍之間，四處遊化。活動範圍廣被北印、中印、西北印等地區，足跡踏遍了恆河南北兩岸的國度，教化眾生無量。從最高的婆羅門階級、國王、貴族，到工商巨富，乃至販夫走卒，佛陀都一視同仁，應機說教。

## 涅槃時刻

佛陀說法四十九年，那一年他八十歲了。

有一天，就在佛陀行腳的時候，感覺到自己的人間化緣已盡，佛陀告訴阿難，選擇拘尸那揭羅城「娑羅雙樹」林，作為入滅場所。

阿難既憂且急，趕緊通知散居各方的佛弟子，大家很快齊聚到佛陀身邊。每一位都已是證得阿羅漢果的行者，深知自然法則，佛陀總是有一天會圓寂，因此人人皆平靜地面對佛陀即將入滅的時刻。

但阿難就不同了。阿難在將近三十年的時間中，時時都在佛陀身邊，近侍佛陀的生活起居，情感上難以割捨。他內心悲傷無法控制，一個人跑到外面，在樹下放聲哭了。

這時，阿那律尊者剛好到了，見阿難悲哭不止，開口說：「阿難，你是修持佛法的人，未來很需要你。要如何把法傳下去？你現在不能浪費時間，要趕快把握最後的時刻，到佛的身邊去，去請教最重要的事情。」

阿難遵照佛陀的指示，在兩株娑羅樹的中間鋪敷臥床。佛陀頭向北，面朝西，右脅而臥，安詳閉目，準備證入涅槃。

此時，阿難向佛陀提出四個問題：

第一、佛住世時，以佛為師；佛入滅後，以誰為師？

第二、佛住世時，依佛安住；佛入滅後，依何安住？

第三、佛住世時，惡人有佛調伏；佛入滅後，惡人將如何調伏？

第四、佛住世時，親口言教，佛弟子易生信解；佛入滅後，若有經典結集又將如何令人起信？

佛陀回答：「你們當認識法性，我入涅槃後，你們若依法而行，則佛陀常住世間。」

接著又教示：「我入涅槃後，大家應當以戒為師；依四念處而安住；調伏惡人，應默擯之；為使經典結集令人起信，在一切經典之首加上『如是我聞』，以示共同約守。」

釋迦牟尼佛示現在人間出生、成長、出家、成道、說法，最後則示現了入滅的涅槃之相。佛陀八十歲入滅，只是為了度化娑婆世界的眾生，而作的一種示現。然而，佛壽的長短，實際上是與眾生的業緣，息息相關。

根據《法華經．如來壽量品》所述，釋迦牟尼佛成佛以來，早已經過無量數劫，如今的滅度也只是一種示現而已，並非真的滅度。其目的是要警惕眾生，把握學佛的因緣，好好精進修行。

## 生生世世都在度眾生

佛陀的一生，是一個終極的覺悟者，覺悟宇宙世間與出世間一切的道理，並且教導眾生離苦得樂的究竟之道。

為了幫助眾生，佛陀示現了人間的生命。這個生命的出現並非毫無因緣、憑空而來，而是累積了多生多劫的修行，加上眾生得度的因緣成熟，才得以化現這八十年的歲月，在人間出生、悟道、說法、入滅。

在佛陀的《本生經》裡，生生世世中不論他是什麼樣的身分，佛陀都在度化眾生。即使是到了地獄，看到受罪的人拖著整輛火燒通紅的鐵車，他內心不捨，就跑上前去，「來，我幫你拖。」

獄卒看到了，前來制止，「你這個年輕人，自不量力，你自己的苦受得不夠嗎？怎麼可以再去拖別人的車？」

佛陀說：「我不忍心看他這樣在受苦難，我想用我有餘的力量，來幫他拖。」

佛陀即使在未成佛前，一樣堅持為苦難者解憂，代他受苦難。

不只是在地獄，佛陀也有歷經畜生道，一樣對其同類照顧疼惜。佛陀的悲心，生生世世沒有空過，每一生世都是在度眾。

佛陀修行三大阿僧祇劫，他與彌勒菩薩在雷音王佛的座下，同時發心、同時修行。

就在古佛要入滅前，大家期待想要知道，未來成佛的是誰？應該是會授記彌勒菩薩？沒想到古佛開口說：「未來是釋迦牟尼菩薩先成佛，接下來才是彌勒菩薩。」

大家非常驚訝，要成佛不是要靠智慧嗎？彌勒菩薩在這一群菩薩中智慧第一，為什麼不是他？

古佛回答了眾人的疑問，「因為釋迦菩薩不為自己，他為眾生。他累世跟眾生結下好緣，所以他會成佛，一定就是眾生因緣具足。他成佛了，說法了，才能度人。」

佛陀出生在人間，修行在人間，成佛也在人間。他的一生，代表人間精進的修行典範，留給後人的是一條可遵循的解脫道路。

## 【上人開示】

◎佛陀生生世世，總是為一大事因緣，要如何讓眾生能覺悟？佛陀時代的人類，也只不過兩億多的人口。那個時候，佛陀就一直希望人人能踏上這樣的覺悟道路。但是，眾生業力大如須彌山，要轉眾生業力實是很難。其實地球空間是一定的，只是人在空間不斷增長。所以，我一直在想，開拓這一條道路，鋪設這一條道路，是不是來得及讓這麼多的人踏上這一條浩瀚無邊的覺悟之道。

◎人人都有與佛同等的真如本性，要自我珍惜，行「六度」莊嚴己身──「布施」無所求；「持戒」防非止惡；還要「忍辱」，才能通過娑婆世界事事堪忍的難關；對的事情用心「精進」，勇往直前；還要「禪定」，以正念、正知、正見，化煩惱為菩提，如此就能產生「智慧」。

◎佛陀是教育大眾「以佛心為己心」──不必等來世再遇到佛，今生今世即可，只要視人人皆佛，放下貢高、驕傲、執著，以尊重心、恭敬心和每個人結善緣，同一時間就能見到無量數的佛。人群是最好的修行道場，以大慈悲心力行菩薩道，遭遇任何人事歷練，都當成自我教育，生起感恩心。

如此就能增長慧命，通達成佛之路。

◎感恩佛陀示現人間說法，今天我們才能聽聞且學習佛法；如今佛陀故鄉有難，佛弟子也要以愛回饋。但願在眾多愛的陪伴與付出下，這塊土地一天比一天平安、菩提種子一天比一天成長。

# 30 從五千公尺高山飛下來

直升機一共來回十八趟，才將比故修道院的五十七位比丘尼與沙彌尼，全數安全救出，遷至山下暫居於加德滿都。

比丘尼們原在海拔五千四百多公尺的喜馬拉雅山上修行，四月二十五日強震後，比故修道院包括道場建築、學校、圖書館全毀，所有人受困山上將近兩個月，六月下旬，才由直升機成功把他們救出。

為了安頓這一群修行者，慈濟基金會號召十九位以工代賑鄉親和四位本土志工，合力搭建簡易屋，讓比丘尼暫時安身立命，恢復正常的生活作息。

## 馬不停蹄，合力搭建簡易屋

每天開工前，慈濟志工都會播放「人間菩提」，和本土志工一起聆聽證嚴法師開示，並由通曉英語和尼泊爾語的志工當場翻譯，讓志工從中接受善美的信念，讓愛循環於人間。

七月四日，志工正式展開簡易屋搭建工程。烈陽下，大家如螞蟻雄兵般合心協力，雖然汗水淋漓，但充滿歡笑。遇到下雨天，只要雨不大，志工們穿上雨衣，仍繼續趕工；只在雨勢轉大時，才暫且放下手邊工作。等雨一停，馬上回到工地，加快速度，一人鎖螺絲、一人定位，兩人合力將螺絲鎖得更為牢固。

參與慈濟志工行列兩個多月的巴山，每每在上工之前，都會主動提醒大家：「雖然我們分成三組人，但希望自己小組的工作完成後，可以幫忙其他小組，建立互助精神，讓簡易屋可以儘早完成，比丘尼們可以有個安穩的住處。」

參與以工代賑的本土志工蒂卡分享：「蓋簡易屋雖然看似很簡單的一件事情，但對比丘尼可是很大的一個幫助。」她很高興能盡一己之力付出。

七月十日，慈濟志工開始採購家具及電器，為比丘尼布置日常作息所需的生活設施。經過兩天的油漆及地磚地毯工程後，簡易屋終於完成。每間簡易屋配置八張福慧床及兩個櫥櫃，並且裝設地毯、電燈及窗簾，希望比丘尼能夠在此安住修行。

## 培養本土生力軍，真善美種子深根

一位年輕的志工蘇門，每天都會拿相機拍下簡易屋組建過程。慈濟志工發現後，便邀約他來為志工的真善美留下紀錄。慈濟志工引導他學習真善美報導，蘇門欣喜表示：「很有趣的課程，我學會如何挑照片、寫圖說以及做成簡報。」

另一位志工阿里娜，因為看見姊姊不論是以工代賑還是做志工，都充滿活力和歡喜，也投入志工行列，她說：「我很喜歡寫作報導，希望能成為你們的一份子，所以我來了。」

在簡易屋組建過程中，身兼真善美報導的志工以相機與文字，記錄組建時揮汗如雨的歷程，以及彼此合作幫忙，辛苦卻充滿歡笑的點滴。

完成一天的工作之後，真善美志工都會和大家分享他們的作品。一張張生動的照片，精彩的解說，讓大家看到這一天的身影，很受歡迎；一幕幕組裝牆板屋頂、油漆、裝電燈、鋪地毯到布置家具，眾人愛心匯聚，盡是熱忱付出。

年輕志工真善美的力量，在當地持續撒播發芽。只有十八歲的蘇碧雅，巾幗不讓鬚眉，積極參與援建，也邀約弟弟一同成為志工，獻出一份心力。她說：「我來這裡的目的很簡單，希望可以幫助有需要的人，因為人類需要彼此互相幫助。」

## 入厝典禮，濃濃感恩人文

簡易屋完工後，慈濟志工以及尼泊爾本土志工，彷彿自家辦喜事一樣，持續除草、整理環境、布置佛堂。前方的一條路，也整理得乾乾淨淨，沒有石頭，沒有垃圾，平坦好走。

七月二十日舉行簡易屋入厝典禮。在陣陣的號聲中，比丘尼走進佛堂，慈濟志工、尼泊爾本地志工跟隨在後，儀式莊嚴，洋溢著濃濃的感恩人文。參與觀禮的志工們，人人歡喜無比。

比斯努說：「我們是奇翠巴蒂帳篷區志工，我們很光榮可以參加這個慶典。」索南同樣開心地說：「我很開心自己是慈濟裡的志工，慈濟為我們做了很多，比如建簡易屋給比丘尼，我自己是援建團隊的組員，親力親為建造簡易屋，所以我很高興我能在這裡。」

尼泊爾地震後三個月，慈濟為比故修道院援建的簡易屋完工入厝。證嚴法師說，這樣的入厝，很莊嚴。裡面的布置，都是這一群年輕的志工投入，幫他們來布置，很有慈濟的味道。雖然是暫時的，也許幾個月，也許一、兩年，但是他們已經有一個安穩之處，不怕風、不怕雨，也不怕地震，在這樣的暫時安住處，「看了，我的心就安了。」

## 佛陀第一次說法的日子

七月二十日入厝這一天，正好是藏曆六月四日，相傳是釋迦牟尼佛在鹿野苑初轉法輪，對五比丘說苦、集、滅、道「四聖諦」的日子，是佛法傳世的起源。

佛陀初轉法輪，首說苦、集、滅、道「四聖諦」。證嚴法師詮釋，人生多「苦」，種種苦是「集」自人心無明、煩惱、欲念；既知苦的成因與源頭，就要收攝心念，用心修持佛法，從根本「滅」苦，歸向清淨佛「道」。菩薩所緣，緣苦眾生，佛陀度眾生覺悟知見，所以初轉法輪之日，即在透徹人生實相。

「比丘尼們在這一天，重新有安身之處，意義多麼重大啊！佛法就是安住我們慧命之法，我們從這件事也體會到了，慧命增長的源頭，原來是在這一天。」證嚴法師歡喜讚歎：「因緣奇妙，兩千五百多年後的今天，慈濟人帶著佛法回到佛陀的故鄉，幫助比故修道院的比丘尼安身，也幫助尼泊爾居民安心。」

從五千公尺的高山飛下來，結廬在人境，證嚴法師鼓舞比丘尼們在平地修行，安住於人群也度化人群。並且以此教眾，「走入人群，拔苦予樂，可以親身印證佛法，真正領悟法理。」就如蓮花生長於淤泥池中，吸收養分成長，花開果成，便能美化淤泥池。走入人群付出，但不受人群習氣汙染；從複雜煩擾的世事中鍛鍊智慧，而增長自我慧命。

## 諸佛皆出人間

自度度人，透過利益他人，能夠淨化自己，為整個人間服務。證嚴法師在精神法脈上，傳承印順導師的人間佛教思想，以及「為佛教、為眾生」的理念。印順導師畢生都致力於推動佛教人間化，將艱深難懂的佛經義理落實在生活中，並且發願生生世世來這個苦難的人間，為人間的正覺之音而發聲。

「人間佛教」的特色，立基於《阿含經》初期大乘普度眾生的慈悲情懷，經印順導師的深化，而大行於臺灣。臺灣大學哲學系教授楊惠南曾撰述：「『人間佛教』是某種意義的『回歸印度原始佛教和初期大乘佛教』的運動。」

回歸佛陀的故鄉，故鄉裡有這群比故修道院的比丘尼，他們在收看證嚴法師的「人間菩提」時，聽聞臺灣發生了八仙塵爆事件，於是虔誠誦念經文，為受傷、受難者祝福。佛號聲聲迴盪，盪向一個遙遠的地方，雖然他們不曾到過臺灣，雖然他們現今自身受難，但感受到來自臺灣的愛源源不斷，因而隔空傳遞善的能量，一如慈濟人帶來的關懷。

證嚴法師表達了內心感觸：「國內外萬眾一心，我真的很感動，這就是愛的循環。尼泊爾強震，慈濟人的付出、陪伴，已經培養出這一份『拉長情、擴大愛』的誠之情誼，他們遙遠的祝福，我們都感受到了。」

看見苦相，啟發悲心而無私付出，慈濟人到尼泊爾賑災；尼泊爾人看見臺灣發生塵爆事故，傷患的苦相觸動他們內心清淨之愛，因而超越地理阻隔，傳達真誠祝福。證嚴法師說，這就是「以境發智，以智照境」——心不受煩惱汙染與擾動，彼此以清淨慈悲的大愛相應，帶動人間善的循環。

**【上人開示】**

◎「以如如智，契如如境」，從一切境界印證佛法道理；還要更進一步「以境發智，以智照境」，感恩境界提供增長慧命的資糧。

◎真如本性永恆存在，即使受層層無明覆蓋，只要時時內觀自照，就能尋回最清淨的一念心。

◎面對複雜的人、事、物，若無法提高警覺，心隨境轉，起貪、瞋、癡、慢、疑，就容易讓層層無明掩蓋善念。要善用佛法，轉迷為覺，則一切境界都是啟發智慧的資糧。

# 31 望向東方

二〇一五年整整一年，佛陀故鄉尼泊爾，慈濟一直都在。

儘管現今佛法在發源地式微，但慈濟人感念佛恩，一年來，仍持續援助尼泊爾的重建工作。證嚴法師在震後周年的這一天早晨，談起了佛法東傳：「佛法從印度傳到中國，古印度的迦毗羅衛國，就是現在的尼泊爾。我們都是佛的弟子，很期待把佛陀的精神、救世的理念，趕快帶回到佛陀的故鄉去，拯救當地苦難人。佛陀說『菩薩所緣，緣苦眾生』，去年強震後，我們發現創古度母寺受創嚴重，就開始想辦法看如何來幫助。」

## 創古度母寺的佛像

位於加德滿都的「創古度母寺」，是藏傳佛教「第九世堪千創古仁波切」於一九九二年興建，寺內從二〇〇四年開始，創立「創古度母佛學院」，提供六百多位比丘尼在此上課修行。絕大部分的尼眾都出身於未受教育的貧窮家庭，在這裡，他們可獲得受教育的機會。一些年輕的尼眾，透過寺院所提供的教學課程或進修班，更可學習英文、藏文及尼泊爾文讀寫能力。

然而經歷了強震之後，寺院損壞嚴重，幸好地震發生時，寺裡所有比丘尼與沙彌尼正在齋堂用午齋，因此人員平安。

當慈濟人前來評估該如何援助時，發現創古度母寺的主殿與兩棟宿舍皆成危樓，然而，所供奉的佛像並無損壞，只是佛像頭部竟然轉向東方！

慈濟人拍下受損相關狀況，照片傳回靜思精舍，證嚴法師看了歎道：「不可思議啊！尼泊爾佛法已經式微了，但寺院還很多，大殿裡的佛像在那裡竟然往東方看，令人不禁想到『佛法東傳』。」

## 佛教東傳

據《後漢書》、《資治通鑑》及佛典《歷代三寶記》等書記載，佛教於東漢明帝永平七年（公元六十四年），由印度傳入中國。

佛教東傳中國的路線，從現有的歷史記載，資料比較充分的是經由巴基斯坦、阿富汗、新疆地區進入中國，到達洛陽。

從中土漢地西行求法者，史料上有一份統計，從公元三世紀後半葉到八世紀前半葉，已逾百人。然而不論是哪一朝代，在那個衲衣芒鞋、全靠徒步的時世，前往「西天佛國」印度取經，都是甘冒九死一生、堅求佛法真義的壯闊之行。

東晉法顯，是中國歷史上西行取經、到達印度的第一人。他幼時三歲即入寺院，二十歲受戒為僧，在學習佛法的過程中，經常慨嘆現有的經律殘缺不全，因而矢志前往印度尋求。晉安帝隆安三年（公元三九九年），法顯從長安出發，一路吃盡苦頭，四年後進入印度本土，再三年，取得摩訶僧祇律四十卷、方等泥洹經、雜阿毘曇心論等。

法顯前後共歷十五年，求得完備的戒律，攜帶大量經律返回中土。心繫法門的悲願，堅定不移的苦行，成為到達正法所在佛國的先驅人物，對晉末以降蔚然而興的西行求法運動，具有關鍵性意義。

時代走到了隋、唐，在帝王的大力護持下，佛教進入輝煌蓬勃的時期。在譯經講學興盛、佛教氛圍濃厚的時代背景下，玄奘出生於隋代，成長後出家修學，通讀諸經，譽滿京城。

雖然身處一個佛學典籍浩瀚的時代，但是玄奘發現，當時教界對佛經的釋義各有詮解，有時甚至大相逕庭、背道而馳。長此以往，會不會反而使佛教思想產生謬誤？會不會曲解了正法的本始真義？玄奘深沉地感到既困惑又憂心。

為了求得佛經原典與正確釋義，玄奘知道惟有一途——西行印度，直探佛教根源。

唐貞觀三年（公元六二九年），玄奘離開長安，向西而行。絲綢之路上出現一個堅苦卓絕的身影，走河西走廊，過新疆大漠，經中亞各國、阿富汗和巴基斯坦北部，穿越喀什米爾、尼泊爾南部，終於到達中印度最高佛教學府：那爛陀寺。

證嚴法師歎服如此強韌的孤僧萬里遊：「玄奘法師無懼路遙險峻西行取經，讓完整的佛法經典在中國流傳，而《大唐西域記》記述西域諸國歷史、地理、民俗文化，也是極其珍貴的史料。可知這樣的西行取經，受盡了多少折騰？光說自然環境就已非常艱辛，有時要過火焰山，有時穿越大沙漠，黑風一起，飛沙走石，平漠堆出一座山。奇險地形變化多端，要求得佛法是這麼的困難。」

困難綿亙在玄奘的漫漫長途，冰河、高山、流沙、深谷，風雪相繼，盜匪洗劫，甚至在沙漠中打翻僅有的水袋時，玄奘依然下定「寧可就西而死，豈歸東而生」的決心。在五天四夜滴水未進、倒臥沙漠之際，他心中向觀世音菩薩默禱：「玄奘此行，不求財利，無冀名譽，但為無上正法來耳，仰惟菩薩，慈念群生，以救苦為務……」

苦行數萬里程，孤獨求法十七年，經歷一百一十國，玄奘帶回佛經六百五十七部；更在日後漫長的歲月中，翻譯大小乘佛經七十五部一千三百三十五卷，為佛教在中國留下綿延發展的生機；為東方的心靈，帶來無上正法之味，長養佛弟子的法身慧命。「一睹明法，了義真文」，堅實支持著玄奘一生的信念。

不論是在玄奘之前或之後的世代，不論是播送東來抑或西求而去，佛法，經由陸路海路種種路線的延伸和傳遞，時空的累積蘊蓄，中國佛教至今已經有兩千年的悠久歷史，這在世界佛教史上意義非凡。

《涅槃經》曰：「飲我法乳，長養法身。」證嚴法師經常教示慈濟人，佛陀以法乳長養眾生的慧命，所以佛弟子生生世世，都要感念佛恩。

## 法乳西饋

創古度母寺的佛像依然莊嚴，慈眼視眾生，面向東方而望。

東方有一群佛弟子，感念佛陀法乳深恩，正在佛陀故鄉援助苦難，得知創古度母寺修復苦無經費，馬來西亞慈濟人立即發心承擔，讓佛法得以在當地繼續傳承。

二〇一六年四月，「尼泊爾創古度母寺」與「馬來西亞慈濟雪隆分會」、國際知名的地震災後工程諮詢顧問公司「宮本國際有限公司」，共同簽署三方合作協議，將攜手修復創古度母寺。

確定援建計畫後，當地住持十分尊重慈濟人，詢問佛像的修復該如何定位？是把佛頭轉回來嗎？或者維持現在東望的方向？

證嚴法師完全尊重寺方，認為重要的是「心」。能夠真正的法入心、法入行，開啟心中之愛，去關懷天下苦難人，這才是重點。

證嚴法師一向如此教示大眾，佛陀的慈悲與愛，是為了啟發眾生而來人間。眾生皆有與佛同等的佛性，佛陀的教育，即在引導人人覺悟自性即是佛，回歸與佛一樣的內在寶藏，體悟天地萬物真理，但願人人能身體力行。開示悟入一切眾生佛知佛見，這就是佛陀來人間的一大事因緣。

「所以我們應該要讓更多人知道，在地球上有這樣的佛陀教育，它叫做『佛教』。」證嚴法師進一步演申：「佛法的弘傳不只是在講經，慈濟實踐的是『行經』，經者道也，道者路也，靜思弟子走在慈濟人間路上，進入了人群，帶動人人行菩薩道，這無不都是在教育、在淨化人心。」

半世紀之前，印順導師在證嚴法師頂禮皈依的那一刻，所囑咐的「為佛教，為眾生」六個字，是慈濟的起始，更是永恆銘刻的精神。證嚴法師說：「我也對大家有一個期待，『以佛心為己心，以師志為己志』。」為佛教，要以佛心為己心，學佛陀慈悲之心，回歸清淨心地的光明；為眾生，要以師志為己志，承繼師父度眾之志，堅定不移在慈濟道上不斷精進。

佛教東傳，法乳西饋，回饋佛陀故鄉尼泊爾，慈濟一直都在。

## 【上人開示】

◎我們很有福，生在有佛法的國家；人身難得，佛法難聞，我們既得人身又聞佛法，應該發心立願，把佛法再往周邊去推動，不管是往東或是往西，往北或是往南，我們應該都要發大心、立大願。

◎人能弘道，非道弘人，佛法是這麼好，若沒人去推動、去弘揚，法也會很快衰落式微。時間，要把握當下；空間，要把握向任何一個國家去推廣，讓天底下的人們知道，在地球上有佛教的存在。

◎佛陀覺悟的第一個念頭，奇哉！奇哉！大地眾生皆有佛性，這是佛陀覺悟當下，腦海中閃出的第一個念頭。他發現人人與佛都是平等的，佛的覺性存在於每一個眾生的自性中。

◎學佛的目標是回歸本性，我們學佛，要學到什麼程度呢？佛心為己心。佛陀的心，非常遼闊，心包太虛！我們的心要包納大地眾生，不去分別白人、黑人或是黃種人，因為大地眾生皆有佛性。

卷三

# 用大愛 和佛陀故土相連

來自十一個國家地區的慈濟志工，
先後十一梯次的大愛接力，
持續陪伴災區逾四個月。

大愛流注，
從臺灣、印度、美國、印尼、泰國、馬來西亞……
都朝著佛陀故鄉的方向，
為尼泊爾張開綿密的菩薩網。
志工所承擔的，

或是領隊、或是行政窗口、或是方向的拓展者、
或是幕後英雄……
他們表徵的，是所有慈濟人同心同行的大愛展現。

佛教思想透過慈濟的行動，
在佛陀故土綻放慈悲與智慧的力量。

# 32

# 大愛接力，承擔使命——黃秋良

援助尼泊爾大愛接力，五月六日，就在第一、二梯次慈濟賑災醫療團返抵臺灣的同一日，第三梯次四十一位成員由黃秋良擔任領隊，飛往尼泊爾接續勘災、發放與義診的工作。

## 六大任務，膚慰尼泊爾

一出一進，愛的力量不間斷。每一梯次都有其責任跟使命，黃秋良在談及第三梯次的工作任務時，如此歸納：「第一是結合醫療與慈善，前兩梯次都以醫療為主，我們這一梯次，上人希望把慈善納入。第二是熱食的供應；第三為五月十日的浴佛典禮；第四是在尼泊爾的第一次大型發放；第五個任務是接引當地志工；第六則是要重返慈濟大愛村。」

六大任務，開創了許多「第一次」，尤其是第一次在佛陀故鄉尼泊爾浴佛，黃秋良說：「五月十日是佛誕日，而佛陀的故鄉在尼泊爾，因緣殊勝，剛好在此刻踏上尼泊爾；面對這次的大災難，佛教徒心繫尼泊爾，情牽苦難人，大家帶著慈悲與虔誠的心，去膚慰尼泊爾所有受災的鄉親。」

尼泊爾是佛陀的出生地，而今居民以信仰印度教居多，佛教徒人數僅約占一成左右。此刻在佛陀故鄉舉辦浴佛，雖然布置清簡，但道氣莊嚴。黃秋良恭讀證嚴法師的慰問信函，由尼泊爾醫師勝偉協助翻譯，對剛經歷災難的民眾而言，慰藉心靈，意義重大。

浴佛之後，即是慈濟第一次在尼泊爾的大型發放。關於物資集結的前置作業，黃秋良特別感恩印尼團隊的大力協助。發放物資若要從臺灣或馬來西亞購買，再運往尼泊爾，時效上太慢，「感恩印尼團隊在當地採購，包括大米、油、黃豆、糖以及生活包。採購之後，再加以包裝，天天都工作到深夜一、二點。出錢又出力，這種精神真的非常令人感動。」

## 醫療跟慈善結合

隨著當地急性醫療的需求趨緩，第三梯次醫療團在災區的另一個重要任務，即是拜訪當地醫院，為照顧受災民眾的中長期需求，尋找更多合作可能。

五月十日下午，尼泊爾醫師尼爾帶著黃秋良與臺北慈濟醫院張耀仁副院長、大林慈濟醫院賴俊良副院長、何日生等一行人，前往加德滿都最優秀的骨科「B&B醫院」，以及由其營運收入維持的「小兒骨科慈善醫院」。在參訪結束準備回程時，他們遠遠看到一位父親背著女兒，緩緩來到。父親穿著厚重外套，一身風塵，女兒下半身裹著石膏。

黃秋良上前關懷，原來女兒患有先天性髖關節發育不良，常會脫臼，必須以層層石膏長期固定骨盆，直到髖關節發育完全，否則將來恐怕會一輩子站不起來。山上毫無治療的機會，唯一辦法是來加德滿都求診，所以這位父親背著女兒，從山上走了許多天才來到這裡。因為家境不好，父親平時以打零工維生，一個月收入約五美元，父女倆沒有餘錢搭車，更無法投宿旅館，只能徒步行走蜿嶇的山路到達醫院。

白天豔陽熾烈，高溫幾近四十度，這位父親在大熱天居然身穿厚重外套，為的是夜晚露宿車站或涼亭時，可以用來為女兒禦寒。如此不遠千里背著女兒奔波，父愛的偉大、處境的困苦，讓慈濟人十分不捨。黃秋良拜託醫院持續關懷這對父女，大家在討論評估過後，也決定為他提供一些補助。

在佛誕節這個殊勝的日子，遇到這位偉大的父親，黃秋良說：「《無量義經》有講，『於如來地，堅固不動，安住願力，廣淨佛國』，雖然佛法在尼泊爾沒落，但這一次我們把佛法帶回去，未來會有大放光芒的時刻。」

# 33

# 溫柔賑災力——羅美珠

總是以親切笑容和有力的「臺灣英語」，走在國際賑災菩薩道上的羅美珠，五月六日隨著第三梯次慈濟賑災醫療團抵達尼泊爾，在停留佛陀故鄉的三週裡，與當地鄉親廣結無數善緣。

## 第一時間的安撫

因震災而來到尼泊爾，因賑災而親眼目睹大地震的再度發生。羅美珠回憶地震規模七點三的威力：「大家真的很害怕！我目睹房子倒下去，整個塵土飛揚。住在帳篷區的鄉親大聲哀嚎，哭叫不停，我們一下子反應過來，趕快上前去抱著他們，安撫他們的情緒。」

這是五月十二日，尼泊爾時間十二點五十分再度發生強震，讓慈濟正在進行的發放活動一度中斷，志工立即安撫在場民眾，將礦泉水和餅乾分送給驚惶不安的鄉親，藉此緩和情緒。

羅美珠提議馬上舉行一場「愛灑祈福會」，膚慰受災民眾，她將「NA-MA-S-TE」四個音節，套入「阿彌陀佛」的曲調來帶動鄉親。餘悸猶存的人們一句一句跟上節奏，一聲一聲得到情緒紓解，臉上緊繃的線條漸漸放鬆。當地小志工也加入帶動行列，讓孩子在熟悉的童謠中，化解驚恐。孩子笑了，大人也笑了，忘卻先前的害怕，心安才能真正保平安。

對於因恐懼而引發歇斯底里的鄉親，羅美珠總是拍拍肩膀，擁抱著疼惜，這樣的及時關懷，在災區無比重要。

有一位老人家被送來時恐懼大哭，羅美珠和志工讓她躺在福慧床上，不斷安撫她，漸漸的，老人家安然睡著了。一覺醒來，老人家臉上出現一抹笑容，坐在福慧床上，問了這樣一句話：「可不可以不要回去？」

這樣的老人家，在偌大的災區裡，只是其中一個縮影，羅美珠感觸深沉：「真的非常非常不捨，幸好有慈濟人。」

## 「大愛」的孩子，「大愛」的村

福慧床上，睡著才出生不久的小男嬰，四十歲的母親放心地笑了。這是羅美珠前往訪視的一個個案。擁有十六個成員的家族，棲身在學校裡的一間小教室，震後第四天，新生命降臨，但是嬰兒衣衫全無，只能用一塊布勉強裹身。得知如此境況，慈濟志工立刻去購買嬰兒用品、尿片、營養品，也送來福慧床，讓新生兒及母親都不必再席地而眠。

看到孩子有衣穿、有床睡，這位母親一再表達感謝，她抱著孩子，希望能請慈濟人為孩子取名。羅美珠想了想，取為「大愛」應該很有意義，她向這位母親解釋：「因為上人的慈悲與大愛，所以慈濟人來到這裡，跟你們結上這一份緣。」

母親開心極了，她決定不意譯為尼泊爾文，直接叫這孩子「大愛」！羅美珠很歡喜地說：「我們就有一個『大愛』的孩子在尼泊爾了。」

而早在二十年前，慈濟就有一千八百戶的大愛屋，矗立在尼泊爾的土地上。

一九九三年的尼泊爾水患，造成四十多萬居民流離失所，慈濟選定災情最嚴重、受助資源最少的薩拉衣、勞特哈特及馬克萬普等三縣四地作為賑災區域，興建一千八百戶大愛屋，於一九九五年完工入住。此次震災再次踏上尼泊爾，羅美珠等人來到大愛村，關心他們在這次地震中是否受到影響。

當地老一輩居民都記得慈濟援建大愛屋的往事，「這些房子是你們給的。」五十九歲的大愛村居民拉著羅美珠的手，迫不及待要帶她回家看看，二十年前蓋的大愛屋，挺過這兩次大地震，只有一些小裂縫，沒有大損傷。

每日例行與花蓮進行視訊連線時，羅美珠向證嚴法師報告：「二十年前結的緣還在，情還在。」回首往事，情仍在；前瞻未來，羅美珠說：「大愛精神在尼泊爾生根，我覺得很有信心。」

# 34

# 長守在佛國故鄉——黃誠浩

隨第一梯次賑災醫療團踏上佛陀故鄉的黃誠浩，是慈濟基金會宗教處同仁，陪伴在尼泊爾一百四十三天，對於當地子民之苦，感受最為深刻。對於內在心境的轉折，他也在這次的賑災裡得到清澈的觀照。

## 步步維艱，念念踏實

黃誠浩踏上災區的第一週，每天睡眠只有三小時，能夠如此強撐，這股力量來自於「看到」受災者的苦難。為了盡可能照顧受災民眾，所有團員全力衝刺，大家的心都凝聚在一起。

證嚴法師一再提醒，所有人要照顧好自己的身心。黃誠浩聽進心裡，每天不論任務多麼繁重，他都要收看「靜思晨語」，他說：「看了之後，那感受就不一樣了，不論是我想做的事或是我面臨的困難，甚至是過不去的一個個難關，答案幾乎都在面前。」

開天闢地第一梯，一切從零開始。從桃園出發的航班不確定；到泰國能否直接轉機也不確定；飛機會降落在加德滿都或是印度？沒人知道；十個人有一百多箱的行李，能不能順利通關？抵達尼泊爾後旅館在哪裡？一噸多重的藥品要存放何處？

渴盼能夠盡速到達但關關難過的感覺，令人欲哭無淚，但黃誠浩相信強大的願力，關關難過但關關必過。「因為方向很清楚，所以不慌，我們知道會有許多變數，那就一步一步的解決。」

雖然步步維艱，但是念念踏實，「因為每過完一關，會感覺又增長了一份經驗。」黃誠浩知道自己的腳步正在向前推進，「當進入穩定期，接下來，不再只是一步一步走，而是三步併一步、十步併一步，要開始看得更遠、更深，往前思考一個月後甚至半年之後，該怎麼進行規劃。」

## 長期深耕，在於「人」

這是一個新的挑戰，賑災脈絡從最初始，黃誠浩即歷歷在心。「第一梯次目標在救急，當時就知道會有第二梯次、第三梯次、第四梯次……當然，從二、三、四、五梯之後，我們一直在轉型。從一開始的急難救助、發放，接著是慈善訪視，深入關懷尼泊爾鄉親的生活，後續帶領當地志工進行訪視，再漸漸由他們獨立作業，關懷自己的鄉親。」

讓當地志工從知道慈濟、了解慈濟，而能口說慈濟、身行慈濟，真正成為慈濟人，黃誠浩說：「上人對於尼泊爾的構思是要深耕，所以，我們的目標就是陪伴當地志工走出一條路，讓慈濟有一個分會扎根在這個地方，讓靜思法脈恆持在佛國。」

尼泊爾援助關懷進入中長期計畫之後，慈善、醫療、人文、教育四大志業，都有慈濟人與當地志工互動，為學生蓋的簡易教室也一一啟用。

對於「中長期」計畫，黃誠浩的觀點是，簡易屋、簡易教室，甚至永久的學校，都算是「中期」。真正的「長期」是人心的耕耘與大愛種子的撒布。「人，永遠是最長期的目標。規劃本土志工培訓，帶領他們見苦知福，從援助苦難中得到法喜。唯有趕快把本土志工帶動起來，他們才能幫自己的忙。」在大家努力下，已經有八十位以上的本土志工延續慈濟精神。

黃誠浩常跟尼泊爾本土志工分享，「這裡是你們的國家、你們的家園，所以慈濟人會陪伴你們學習之後，交給你們來啟發、帶動更多的人。」

## 靜思法脈，恆持在佛國

當第十梯次的賑災團來到尼泊爾，黃誠浩提醒團員，現階段的重要任務就是「傳承」，意即「與當地志工互動，帶動他們自己來做。」

營建部分由各地前來的資深志工陪伴，讓本土志工有自主能力可以建蓋一間簡易教室，慈濟人只從旁協助指導。訪視也由本土志工自己承擔，並建立制度，訓練填寫表格、開訪視會議、提報及共識會議等。

另外，活動組也有人規劃陪伴、人醫會可以獨立運作、人文真善美拍攝作業也指導傳承，如此一一把路鋪出來，將來無論是從臺灣或全球各地來的志工，皆有跡可循。

總有一天，來自全球的慈濟人會離開尼泊爾，「到時候，如果沒有食物了、沒有帳篷了，靠的就是這份菩薩道。我相信，如果能夠找到當地的志工菩薩，他們會有辦法幫助自己的國人，會做到上人所希望的，真正去疼惜這些需要被關懷的人。」

深耕佛土，撒下善種子，黃誠浩說：「上人能夠把慈濟世界變得這麼有力量，就是靠『法』整合所有人，讓每一個人發揮最大的潛能，然後變成同一股力量，擴散出去。」

# 35

# 導引良善的力量——施雅竹

二〇一五年十二月五日，慈濟團隊與尼泊爾新任總理歐利在官邸會面。負責簡報的是慈濟宗教處同仁施雅竹，她向歐利總理分享慈濟緣起，以及與尼泊爾的二十年因緣；說明此次地震發生以來，慈濟在尼泊爾的急難救助與中長期賑災作業和希望工程。同時，慈濟團隊也表達希望在當地申請國際非政府組織（INGO）的決心。

歐利總理不僅肯定慈濟為尼泊爾無所求的付出，也很期待希望工程的進行。他說若有需要幫忙，他一定會給予協助，還允諾將協助慈濟在尼泊爾註冊為國際非政府組織。

## 希望工程是人心的善循環

慈濟與尼泊爾教育部合作，從二〇一五年七月開始，協助三十一所學校，完成一百五十八間簡易教室，每一間教室，都有老師、學生與家長的共同投入，參與希望的打造。

繼簡易教室之後，慈濟建築團隊規劃在尼泊爾援建一所醫院、三間中小學和一所大學。施雅竹是尼泊爾希望工程的主要負責窗口，包含慈濟基金會營建處以及臺灣、菲律賓、馬來西亞慈濟志工在內的建築團隊，眾人集思廣益，尊重當地文化特色，結合慈濟人文，為尼泊爾量身打造防災環保的綠建築。

硬體建築的希望工程，有「愛」作地基；人心的希望之光本然存在，只是需要一股導引良善復甦的力量。慈濟志工群在尼泊爾，一直承擔這樣的角色。

受過良好教育的施雅竹，深知教育對每個孩子都非常重要，在與尼泊爾鄉親互動的過程中，她也展現了另一層次的教育影響力。施雅竹在尼泊爾陪伴一百多天，跟當地鄉親培養出深厚感情，二〇一五年南臺灣發生地震，尼泊爾的尼爾醫師第一個發出訊息表示，若有可以發揮功能之處，尼泊爾的人醫團隊隨時可以出發前來支援，回饋臺灣的大愛。

尼爾醫師的回應，也帶動尼泊爾本土志工紛紛表達心意，「我們很想要幫忙，不知可以怎麼幫呢？」這樣的一念助人之善，讓施雅竹彷彿看到一片晨曦在大地昇起，她建議這群有心的年輕人，「你們可以用祈福會的方式，在尼泊爾為受災者祈禱，這就是一種幫忙。」

沒想到第二天，施雅竹就收到祈福會將在帳篷區舉辦的訊息，「雖然是小型祈福會，可是他們的那一種誠懇之心，讓我真的很感動。」

## 在苦難中長養慈悲

在與尼泊爾志工的互動中，施雅竹並不是站在「教導」的立場，她說：「我唯一的心態就是『同理心』。不論我與哪一個人互動，我都是以此對待，這樣讓我很自在。」

有一次施雅竹與年輕的尼泊爾本土志工開會，談及當慈濟人離開尼泊爾後，正是他們成長的好機會，「未來的尼泊爾，不是誰會來幫助，而是你們要自己站起來。用自己的文化結合慈濟人文精神，這兩者如何交融而呈現出大愛，大家可以一起思考。」

兩週之後，施雅竹即收到尼爾醫師傳來長達三十四頁的企劃書，她大為驚喜。「因為我知道，這份企劃書是不同種姓的所有志工共同討論的成果。為了成就大愛，大家竟然可以坐下來，一起規劃尼泊爾未來的方向，真的讓我非常感動。」

在菲律賓天主教國家長大、就讀天主教學校的施雅竹，在十四歲對佛法還不了解時，就跟著母親做慈濟，因此有機緣接觸佛教與理解佛法。身處佛陀故鄉一百多天，她深切體會到「在苦難中長養慈悲，在變數中考驗智慧，在艱難中激發韌力，在繁瑣中學習耐性。」她尤其欽敬所有投入國際賑災的慈濟志工，「師姑師伯比我們年長，可是都跟我們一樣早起晚睡，晚睡早起，他們的精神讓我很佩服。」

慈濟人是掘井人，在苦難之地，讓每個人心中愛的泉源，汩汩湧動。

# 36 統籌物資的靈魂人物——梁貴勝

物資要通關，不只細節繁瑣，而且過程相當耗時。各國慈濟人援助尼泊爾的物資，之所以能順利送到受災者手上，在其中承擔物資通關、運送、管理的重責大任者，就是慈濟志工梁貴勝。

## 以真誠銘刻內心

以搬運物資而言，一個貨櫃裝著超過一千張福慧床，每一張都要靠人力背負，徒手搬上卡車。一張福慧床重達十五公斤，要一次處理超過一千張福慧床，可想而知是多麼浩大的工程，往往必須耗費好幾個小時。

但最困難的還不在此。梁貴勝分享，和海關交涉的過程中，每換一個官員，填寫資料的方式就會不一樣，有一次足足跑了三趟，才把物資提領出來。

貨櫃之中悶熱難當、灰塵瀰漫，工作環境不算太好。物資搬運除了有一群以工代賑的民眾幫忙，梁貴勝還帶動小志工一起投入。「這是全球慈濟人的愛，我們不能把東西留在裡面，要趕快把物資送到需要的人手上。」梁貴勝心繫受災民眾，每一個貨櫃他都非常重視。

黃誠浩這樣形容：「東西要進來必須靠他，東西要入庫保管也靠他，從倉庫出去更要靠他……可以想像，我們在尼泊爾的任何事情都跟貴勝有關。」

從五月六日踏上災區，梁貴勝在尼泊爾停留將近五個月，許多青少年志工在他的帶動下很願意配合付出，也捨不得他離開。證嚴法師在視訊會議中肯定梁貴勝展現的德風，「以德領眾，才能得人信任與護持。」他也期待這份真誠無私之愛，能銘刻在小志工的心靈裡，一棒接一棒傳續下去。

## 用知識改變未來

佛陀出家前，以太子之尊看到種姓階級造成的不平等，進而思考同樣生而為人，為什麼富貴者永遠富貴，奴隸或賤民則世世代代翻不了身？因而促使他走出皇宮、出家修行，尋求消解人間苦難的方法。

翻轉人生，改變未來，證嚴法師心繫尼泊爾的教育問題，梁貴勝談及證嚴法師的心願，「上人希望透過教育，可以打破種姓之間的差別，讓低層鄉親也可以跟平民一樣，接受平等教育。」

印度的巴利森家族，原是屬於最底層的階級，普明・巴利森在父母的身教下，透過教育努力向上，而後靠著自我努力經營事業，成為印度知名的實業家。梁貴勝說：「上人希望在尼泊爾，能有更多孩子像普明師兄一樣，突破種姓制度的壓力，翻轉人生。」

透過知識，讓下一代創造未來無限的可能。慈濟規劃要在尼泊爾援建三間中小學，以及一間大學。梁貴勝提及：「上人只要求一件事，慈濟蓋學校，而校方必須接受來自各階層的學生，包括平民。」

梁貴勝在馬來西亞讀大學時就接觸了慈青，畢業之後更成為慈濟志工，現今是基金會同仁。從未參與國際賑災的他，在尼泊爾發生大地震時，念頭一動，希望可以到前線去關懷受災民眾。不料，念頭才起，慈濟馬來西亞雪隆分會執行長簡慈露，就跟他談起了參加尼泊爾賑災一事。

「貴勝，尼泊爾發生了大地震，你可以去協助賑災嗎？」簡慈露問。

梁貴勝回答：「師姑，沒問題。」

「這兩天就要出發，你可以嗎？」簡慈露再問。

梁貴勝回答：「師姑，也沒問題。」

「那你手上的工作，放得下嗎？」「這次一去可能要待上一個月，你可以嗎？」「你是家中唯一的兒子，都不用跟爸爸媽媽他們商量嗎？」簡慈露擔心地說。

梁貴勝的回答，還是「沒問題。」

慈露的五個「問題」，是梁貴勝的五個「沒問題」。之後，梁貴勝於五月初抵達尼泊爾，陪伴佛國鄉親五個月，他在許多人心中撒下善種子，期待未來開花結果。

# 37 尼泊爾人醫會的推手──徐榮源、張群明

慈善與醫療結合，是慈濟賑災醫療團秉持的原則。由臺北慈院副院長徐榮源領隊的第九梯次團隊，是要推動有別於其他梯次的特殊使命──成立尼泊爾人醫會，接引當地人醫種子，成為在尼泊爾帶動醫療人文的生力軍，讓大愛傳下去。

**觀念改了，事情就變了**

「趙院長、簡院長，都跟當地的醫療團隊與醫院，結了很好的緣。」徐榮源感恩前八個梯次的醫療團一路鋪陳，「當我聽到要『深耕人文，扎根種子』的時候，我在想，慈濟醫療團完成階段性任務，離開尼泊爾後，當地的苦難人要依靠誰？所以當地的醫生應該成立人醫會。」

為了替當地發掘守護苦難人的力量，徐榮源透過當地尼爾醫師和勝偉醫師的引介，

開始拜訪包括癌症醫院、骨科醫院、眼科醫院、整型科醫院等四個醫院的院長，誠摯邀請他們帶領同仁來參加人醫聯誼茶會，支援慈濟在尼泊爾成立人醫會。

徐榮源說：「茶會最主要目的，是希望這些醫院能在慈濟志工訪視、關懷苦難病人時，可以作為個案轉診的醫院，也在將來成為醫療後盾。另外一個重點就是推動籌組人醫會。」

在眾人的齊心努力下，六月二十二日，尼泊爾首場人醫茶會展開了。會中透過一個個跨國醫療個案，說明這些成功醫療的背後，都是集結了很多人的愛心和心血。

巴塔普癌症醫院院長牛巴尼，帶著十四位醫師出席這場茶會，他說：「我們有很多事情，是從慈濟身上學習到的，包括你們誠懇的悲心和笑容，還有幫助別人的心。」

牛巴尼談到，開始和慈濟醫療人員合作後，有一個令他印象深刻的改變，「第一次地震的時候，還在進行手術的我們馬上就往外跑；第二次地震時，誰都沒有離開手術室，我們抱著病人。人的觀念改了，事情就變了。」

## 啟發當地悲心

隔天，第二場人醫茶會接續展開，骨科、眼科、整形外科等三家醫院，一共有五十幾位醫師參加，現場氣氛熱絡而溫馨。

同為第九梯次團員的大林慈濟醫院醫師張群明，對徐榮源推動人醫會成立的過程，有第一手觀察。「在這過程中，我很佩服徐副院長，因為他堅持使命必達，從不因為困難或只有不到五天的時間而就此作罷。他一直在打電話，不斷跟尼爾醫師和勝偉醫師聯絡，一定要達成這個使命。」

張群明是慈濟大學醫學系第二屆畢業生，不只充滿熱忱而且懷抱醫生的使命。在拜訪尼泊爾當地醫院、邀約院長參加人醫茶會的過程中，他形容由徐榮源「主講」加上由他「翻譯」的組合，是「說客二人組」，壓力自是不言可喻，但結果令人歡喜。「院長們都很認同慈濟的理念，也很訝異我們這群人跑這麼遠，只為了邀請他參加茶會，因此很感動地馬上答應參加，任務順利達成。」

在人醫茶會上，張群明介紹慈濟醫療志業、播放慈濟賑災影片，並在現場進行提問互動。在介紹人醫會精神和理念時，當地醫生踴躍發問，其中還包括詢問加入人醫會要接受什麼樣的訓練？資格條件？在人醫會要擔任怎樣的功能？

兩場茶會的每位來賓都留下個人資料，讓張群明很感動。「每次在賑災時，上人一直告訴我們，要啟發當地人的悲心，讓他們知道現在只是暫時受難，但是不會永遠受難，人是有機會可以站起來、並且去幫助別人的。上人每次在啟發人們心中那份力量時，總是讓我非常感動。」

# 38 營養的補給者——香積團隊

每天早出晚歸的賑災醫療團，在災區吃的都是香積飯，只有返回飯店才能享用一頓熱騰騰的晚餐。每梯次醫療賑災團幕後，都有一群志工默默為團員準備餐點，他們就是志工營養與活力的守護者——香積團隊。

## 廚房裡的幕後英雄

為了準備菜餚，香積成員每天清晨五點就要出門採買，他們既具有大廚的本領，更有廚工能耐，大小事一手包辦。

在果菜攤前內行地挑選新鮮食材；為了省下搬運費用而寧願多走幾趟，通通自行搬上車；採買後回到飯店廚房，洗洗切切各展身手；烹調完成，端出色、香、味俱全的菜餚後，站在供餐區旁，迎接訪視與醫療團隊的志工回來用餐。

當眾人在用餐時，香積組志工還不時關懷是否吃的習慣，讓在災區奔波一日的志工倍覺溫馨。餐後的收拾、洗地、擦地等收尾工作，也是這群幕後英雄一力承擔。

六月間，香積志工特地帶了粽子為團員加菜，讓賑災醫療團在尼泊爾度過別具滋味的端午節，大家既驚喜又開心。

從臺灣飛到尼泊爾的粽子，鹹甜都有，鹹粽來自桃園靜思堂，甜粽則是志工黃志清與大家結緣的分享。不只臺灣志工吃到應景的家鄉味，馬來西亞志工李文傑也說：「粽子是臺灣飛過來，我是馬來西亞飛過來，在尼泊爾一起吃。」

第一次吃粽子的尼泊爾當地志工，也吃得眉開眼笑。司機拉威（Ravi）說：「這不只是美味，更是甜蜜，我很喜歡。在晚餐後我們都會吃點心，這就像是點心。」一顆粽子，在一個特別的日子，牽繫了來自不同國家、種族的大愛因緣。

## 香積任務，供養菩薩

從馬來西亞來到尼泊爾支援的甘浩禎，有流利的英文溝通能力，平日在社區中常承擔人文真善美任務。來到佛陀故鄉本想好好幫助受災鄉親的他，卻被指派為香積組，望著團隊外出訪視而自己不能如願，不禁讓他內心有小小的失落感。

有一天，同樣承擔香積工作的蔡岳勳跟他說了一段話：「佛陀成道之前，都需供養三百億菩薩；所以你可以轉換心境，把做香積這件事，當做是在供養菩薩！」

一段話如一束光，甘浩禎心中恍然明亮，心念一轉，天天歡喜，感恩有這樣以香積結緣的機會。為了讓身處烈日下的團員消暑，他每天都用心搭配食材，可以花上幾個小時燉煮湯品，照顧大家的健康。在廚房時，也會和飯店廚師分享慈濟在世界各地救災援助的故事。洗手作羹湯，把握因緣說慈濟，無論在前線或在幕後，他都覺得「能做就是幸福。」

後來有一天，甘浩禎終於得償所願，跟上訪視車輛，來到奇翠巴蒂帳篷區支援發放工作。他幫助鄉親來來回回搬送福慧床，雖然滿身大汗卻一臉歡喜，他說：「看到鄉親的笑容，我覺得一切都值得。」

卷四

# 布善種子 在地開枝散葉

天下事，
需要天下人共同成就。
慈濟人遠道馳援，用心付出，
感動與啟發尼泊爾當地人一同響應。

如同種子入土，
發芽、成長、開花結果，
又產生無量種子，

影響一個人願意發心，
就能再啟發更多人。
有朝一日蔚為菩提林，
庇蔭天下苦難人。

心的循環效應，
慈濟人在尼泊爾撒播的善種子，
已在本土志工的發心中，
看到愛的回饋。

39

# 需要菩薩的時代——巴山・查德里

慈濟賑災醫療團持續在災區進行人道援助，因緣際會之下，尼泊爾第一大集團查德里家族的巴山（Basant K. Chaudhary），首次認識慈濟，對於慈濟志工不遠千里帶來實質的援助，深深感動。

## 深信佛法的力量

因為讀到證嚴法師的生平故事，查德理深受啟發，猶如一盞明燈照見人生方向，從此，他的書房裡擺滿靜思人文出版的英文書籍，《靜思語》更是隨時隨處不離身。喜愛文學的查德理，以文字因緣，開啟他與慈濟合作的契機。

查德理對於回饋社會懷抱著責任感，面對國家遭受如此慘重的災難，心中悲痛無比。他所成立的「巴山查德理基金會」，有著和慈濟相似的目標，於是查德理自願加入慈濟的賑災行列，協助物資通關。

慈濟在尼泊爾的緊急援助工作逐漸進入尾聲，接續將展開中、長期援助計畫，包括助學、援建簡易教室等，物資通關與建材採購等事，都需要查德理的協助，查德理表達願意與慈濟合作，援建過渡期使用的簡易教室。

二〇一五年六月十九日，這位在尼泊爾大力協助慈濟賑災的實業家巴山．查德里，在慈濟馬來西亞分會執行長郭濟緣的陪伴下，來到花蓮靜思精舍會見證嚴法師。除了表達他對慈濟援助尼泊爾的感恩，同時親向證嚴法師承諾他的心願，內容至誠懇切，十分動人：

敬愛的尊者，證嚴法師：

我感到很有福，也很榮幸能與擁有至善心靈的您見面。您依循佛陀的八正道致力於提振人類，奉獻您的生命。在此我也要感謝邱師兄、劉師兄、郭師兄，讓我有這個機會參與慈濟在尼泊爾的人道救援。

一九六六年，您僅以縫紉、編織以及種植蔬菜等簡單生活成立這個團體，進而達到如此高度，如今人們或其他慈善組織尋求您的幫助，以為寄託、指標及良師。

您的誠正信實很顯然的改變了受苦難人的生命。慈濟充滿慈悲與活力的服務一直是被眾人所信任。請容我說，如果不是您的願景，這些都不可能成真。

崇敬的法師！

現下，我的國家正面臨了近年來最慘重的災難，我在此祈求您的祝福與幫助。已有將近九千人失去他們的生命，失蹤和被埋在超過八十萬棟倒塌受損的房屋及辦公大樓之下的人數仍然未知。

我喜馬拉雅族的身心受到了重創。創傷與恐慌深深的包圍我們。孩子們的身心也是傷痕累累。重建國家的挑戰卻是令人氣餒，尤其是我們沒有足夠的資源。但是我們仍然盡力而為。

「巴山查德理基金會」也已經投入賑災，我們有義務幫助這個社會。我們和您有著非常相似的目標，如果您同意指導並幫助我們往既定的目標努力，我們將會做得更好。

我們很了解這個國家和它的制度。我們的人力與盟友遍及整個尼泊爾，從最高峰到平地都有。慈濟與我們的基金會結盟，將會加快癒合與降低尼泊爾所承受的苦難。

我由衷地感謝您給我這個機會分享。期待您的祝福能啟發我的心靈，並讓如我般的俗家弟子追隨您在謙卑中所創造出的道路。敬愛的上人請賜予我內心平靜。

崇敬的聖座，請您讓我代表我們的基金會呈獻這份禮物。我誓願將奉獻自身力量去幫助與減少社會上受苦難的人。

## 回到大愛的能量中心

查德里拜會證嚴法師時，看到精舍會客室的牆上有兩個時鐘，一個是臺灣時間，一個是尼泊爾時間，內心為證嚴法師對尼泊爾時時刻刻的悲心，悸動不已。

參訪慈濟，查德里數度泫然欲淚。在此之前，他在臺北慈濟醫院，親眼看到臺灣慈濟的醫療，醫師是如此的付出，醫病之間是如此的親近。他體悟到，原來他在尼泊爾所見醫師們的視病如親、付出無所求，就是出自於臺灣慈濟這樣的大愛精神；原來那麼多慈濟志工願意自假自費、千里迢迢去幫助尼泊爾，那種種的身行與誠意，就是來自於這樣的慈悲力量。

慈悲力量，從臺灣帶到了尼泊爾，就像精舍會客室牆上的兩個時鐘，兩地等無差別，他打從內心真正深信，因此他懇切發願，發願要當慈濟人，將慈濟精神落實在尼泊爾。「經歷這次大災難，尼泊爾人的心碎了。」查德里認為，未來尼泊爾的重建，應該依循佛教的無私精神，才能真正利益人群。他不僅要救濟自己的同胞，同時要將佛法重新帶回佛陀的故鄉。

證嚴法師致勉查德里，只要有心，一定能造大福。「我是一無所有的人，依靠佛陀精神力量，呼籲臺灣鄉親付出愛心，累積大家點滴之愛，就可以成就眾多好事。你是富有人，相信更有力量做到。」

見證了慈濟大愛，更加深信佛法的力量，查德理向證嚴法師承諾，他會以最虔誠的心，全力以赴。

## 尼泊爾需要「教富濟貧」、「濟貧教富」

看到了尼泊爾災難，證嚴法師指引慈濟人，透過「教富濟貧、濟貧教富」，實踐佛法的平等觀，讓人人都可以心靈富足。「尼泊爾需要『教富濟貧』，富有的人，有錢出錢、有力出力，為苦難人付出一份愛心。同時也要『濟貧教富』，濟助窮困居民，進而啟發他們的善心。開啟了心靈富裕之門，願意付出植福田，就有源源不絕的愛心湧現。手心向下捐出的點點滴滴，即使是一分一毫也能助人，讓愛的能量不斷延續，這就是『濟貧教富』。」

世間濁亂，正是需要菩薩的時代，證嚴法師期許，無論貧富都要接引，啟發愛心、帶動付出。世間多一個人得到淨化，就會多一分清明。

# 40 佛法所行處，菩薩遍湧出——納瑞許・杜加

二〇一五年六月二十四日，慈濟賑災醫療團在波帝帳篷區、立巴利帳篷區及曼索里帳篷區發放福慧床及毛毯。這是最後一次大型發放，接著援助將朝向中長期階段，進一步為鄉親作安身的規劃。

在立巴利帳篷區，尼泊爾杜加家族的大家長基尚・拉爾・杜加（Kishan Lal Dugar），帶著妻子及孫女一起參加這次發放。基尚表示，很榮幸能與志工一起親自送物資給鄉親，讓他們有不一樣的生活。

太太Jatan隨著志工走訪鄉親的帳篷，發現帳篷生活的確不理想，更堅定要幫助自己鄉親的心。孫女Shrish Dugar才十七歲，即將踏入大學之際，已加入志工行列，看見慈濟志工對鄉親的尊重，啟發她想穿藍天白雲成為慈濟志工的願望。

基尚・拉爾・杜加共有三兒二女，整個家族都一起投入慈濟對尼泊爾的援助行動。

基尚的大兒子納瑞許．杜加（Naresh Dugar）十分認同慈濟，選擇參加另一場在曼索里帳篷區的發放，他說：「與慈濟合作有一段時間，還沒有走到前線，今天特地來參與。」納瑞許與志工進入帳篷，了解居民的生活情形，幫忙鄉親鋪好福慧床，並檢視其安全度。

第一次接觸，他感觸很深：「無法用言語來形容。」

## 災區第一線的身影

尼泊爾地震發生後，慈濟人走進災區，貴人也陸續湧現，印尼金光集團實業家也是慈濟志工身分的黃榮年，引薦尼泊爾實業家納瑞許．杜加，開始協助慈濟賑災醫療團在災區採購物資、調度車輛、與政府部門接洽等；弟弟維加斯．杜加（Vikas Dugar）則投入慈濟簡易教室籌備工作。

「從第一天我和慈濟人出去，我就答應盡己所能協助他們。」納瑞許分享參與慈濟行動的感受。自律甚嚴的納瑞許，因為看到慈濟的大愛精神，開始調整他的辦公計畫。「當你們打電話給我時，我也不知道自己為什麼毫不猶豫就答應，我們的互動很好，我覺得慈濟真的為尼泊爾做了很多事情。」

慈濟全球志工總督導黃思賢與納瑞許接觸後，十分了解他的用心：「杜加家族是尼泊爾的第三大企業集團，納瑞許出力非常多，尤其是物資集結及採購等方面，因為他有很多相關企業，都跟我們這次賑災有非常大關係，所以我們這次在尼泊爾若說小有成績的話，納瑞許可說是居功厥偉。」

## 改變許多人的命運

為了感恩慈濟人投入災區不間斷的援助，納瑞許於二〇一五年六月三日在慈濟志工的陪同下，親自來到臺灣，除了透過參訪志業體進一步了解慈濟，也到花蓮靜思精舍拜會證嚴法師。

恭敬獻上一尊佛像給證嚴法師，這是納瑞許父母手工製作的禮物。他說：「非常感動，當我們在加德滿都時，賑災團員跟我提到，每一分每一毫是來自全球的愛心，所以都不能浪費，一定要發揮在最大的功能上。」

納瑞許在當地協助慈濟賑災，家族也投入中長期援建的籌備。這次他帶來建材與團隊討論，當務之急是找到適合的材料，興建簡易教室。「學校、住宅、修道院、寺院，目前先以臨時性的簡易構造為主，之後才去興建永久結構，以我和家族的觀點來看，我們一定會有始有終的協助。」

在志工的陪伴下，納瑞許特別到慈大附中參訪，從建築到辦學理念進一步了解。因為認同慈濟的全人教育，他發願要在尼泊爾推動建校，融入慈濟人文。「臺灣慈濟學校讓我印象很深刻，儘管是小細節都非常用心，啟發我想在尼泊爾興建學校的想法，我會向我的家族成員提議在尼泊爾建校。」

一連幾天的互動中，讓納瑞許見證了慈濟不分宗教種族、無階級分別的大愛，他不只感動，也期待將慈濟精神帶回家鄉，實踐承諾與使命。

在來到臺灣之前，納瑞許也曾到印尼參與慈濟醫院動土典禮，了解慈濟人援助紅溪河畔居民、為他們遷建大愛村改善生活，也讓孩子得以受教育。他認為慈濟改變了許多人的命運，賦予苦難人無限的希望。

納瑞許在尼泊爾看到多位事業有成的慈濟人，跟著大家一起搬運物資、親手布施；在印尼也看到擁有大企業的師兄、師姊，放下身段融入團隊，謙卑服務他人。「在慈濟道場中學習到平等觀，深感敬佩，也更想要深入探究這份啟發人心的精神力量。」

## 打破階級，擁抱蒼生

佛陀提倡人人平等，希望打破四姓階級；慈濟帶動人人感恩、尊重、愛，正是佛陀的教育。

二〇一五年六月十六日在猴廟帳篷區，納瑞許的女兒蘇莉絲汀邀約朋友一起來為鄉親除頭蝨。穿上慈濟志工背心，跟著搬運毛毯，一點都不喊苦，十七歲的蘇莉絲汀，第一次參加慈濟大發放，在志工帶領下邊做邊學，還把四位好朋友一起帶來。

蘇莉絲汀說：「經過這個災難後，我希望尼泊爾也能有像慈濟這麼有組織的團體，尼泊爾也可以學著自己幫助自己。」蘇莉絲汀因投入慈濟深受感動，她發現尼泊爾還是有希望的，希望能在學校成立慈濟大專青年聯誼會。

除了女兒外，納瑞許的太太帕蒂芭也來參與了，而且在發放前，她還認真的不斷練習發放步驟。帕蒂芭說：「慈濟做得非常好，如果有我可以幫上忙的，這真的是我的榮幸。」

有一位本土志工認為，「透過身體力行，和慈濟一起工作之後，才真正了解受災民眾需要什麼東西。」證嚴法師讚歎納瑞許全家一起付出行動，站在第一線幫助民眾。「富貴人家可以放下身段，是一件不容易的事，尤其在尼泊爾、印度，種族的階級還是分得很清楚。」

儘管印度傳統的種姓制度早已被政府明令廢止，但印度社會的階級藩籬仍難改變過來，盛行印度教的尼泊爾也不例外。在當地風俗中，貴族或婆羅門並不能與從事低賤工作的民眾直接接觸，甚至賤民們的器物，貴族們都不能直接觸摸。然而，納瑞許與妻子、女兒投入慈濟救災工作，以行動破除這一道無形的藩籬。

證嚴法師說：「種族輕視、心靈的藩籬已經打破了，納瑞許太太和女兒不只是去碰窮人的東西，還去幫忙除頭蝨，她們可以這樣做，表示心靈的藩籬已經推開，這是『教富濟貧』的展現。」

佛陀住世說法，希望打破社會階級的不平等，讓人人本有的清淨愛心都能發揮出來；現在慈濟人延續這一份精神，希望讓尼泊爾民眾能從心裡感受到感恩、尊重、愛。

「佛陀出家，希望打破種族不平等，現在我們看到了富人能夠這樣擁抱蒼生，真的很開心。這一段歷史還很長，這一條路我們要繼續走下去，時間能累積一切，從這第一步，已經有了很好的開始。」證嚴法師深深勉勵，期待正確的道路還要繼續走下去。「好的開始，佛法應該可以回歸佛陀的故鄉去，讓人與人之間互愛互動，這是我們的期待。」

# 41 形影不離一百天——尼爾蒂斯・釋迦

地震一百天之後，才是開始。一百天之前，黑暗與悲傷正籠罩著尼泊爾。經過劇烈搖晃、撕扯的大地，房舍倒塌，到處是斷垣殘壁，人們在隆隆如爆炸聲與混亂的喊叫聲中，驚魂未定。

「我看見哭泣的兒童、祈禱的老人及許多無語問蒼天的茫然眾生……身為一個醫師，我竟然不知從何救起？」在當地，這位年輕的醫師尼爾蒂斯・釋迦，內心的無力感難以言喻。

**從疑問開始**

三十一歲的尼爾蒂斯・釋迦，出身優渥，在加德滿都擁有兩間診所，父親卡夏・曼・釋迦，是前任的尼泊爾環境與科學部部長。

災後有一天，父親問他：「有一個來自臺灣的慈善醫療組織，你想加入他們的行列嗎？」一開始，尼爾並不在意父親的提議，眼前的自己能如何幫助受災者？他還處在不確定中。過去，每當遇到困難和煩惱時，他總會想釋迦牟尼佛會怎麼做？因此當父親再一次希望他加入慈濟行列時，尼爾決定去了解這個佛教團體，他心想，或許慈濟真的可以幫上尼泊爾的忙。

一開始見到簡守信和趙有誠時，尼爾聽到的第一句話是：「謝謝你來幫忙，非常感謝有你的陪伴。」當時尼爾並不知道眼前的兩位醫師，是臺灣兩家慈濟醫院的院長；後來得知身分後，尼爾心裡有一些好奇，但更多的是不解。

隔天，在已裝載好藥品和醫療儀器的休旅車旁，趙有誠對尼爾說：「現在請你帶我們去可以義診的地方。」

尼爾一時無法置信，要自己帶大家去義診，這是認真的嗎？

尼爾反問：「各位想去哪裡？」

簡守信回答得簡潔明確：「只要需要義診的地方，都可以！」

這完全超乎尼爾的想像，醫院的院長不是應該穿著西裝、坐在偌大辦公室中的軟皮沙發上嗎？不是都高高在上，發號施令指揮部屬做事就好了嗎？這一群人千里而來，應該是旅途勞頓，如此掛心急著義診，真的一點都不累嗎？院長級的人物為什麼絲毫高傲之氣都沒有呢？

伴隨許多疑問，尼爾帶著慈濟醫療團出發了，目的地是距離加德滿都十五分鐘車程的古城醫院——巴塔普眼科中心（Bhaktapur Community Eye Center）。這裡已成立了臨時健康照護中心的帳篷區，接納地震傷者和各類病患。

到達之後，尼爾問院長瑞姆．山達．拉溪瓦（Dr. Ram Sundar Lasiwa），能否借用空間進行義診？院長表示，可以提供兩張桌子和兩把椅子讓醫療團使用。

尼爾暗暗心想：「這些醫師來自遙遠的臺灣，其中兩位還是大醫院院長，只給他們兩張桌子和椅子，行嗎？」

他隱忍了想法，詢問簡守信和趙有誠：「兩張桌子和椅子夠用嗎？」

他們笑著告訴尼爾：「已經綽綽有餘了！」

## 看見「會走路的神」

就從這兩張桌子開始，義診進行順利，尼爾在當中扮演著多重角色。當語言不通時，他擔任翻譯；在小手術需要助手時，他是好幫手；需要勘查新的義診地點時，他又搖身一變成了嚮導。

這樣的隨時補位，從第一天義診到往後的一百天，從陪伴第一梯次醫療團到第九梯次，尼爾放下自己的診所，全程跟著來自臺灣的藍天白雲身影，深入災區。

每一天，尼爾帶著醫療團前往他尋思、規劃好的山村或偏鄉，當醫師們各自坐定看診，他才在最後的一個空位上，也開始醫治傷病患者。醫療空檔，他默默安排、接洽所有事情，結合當地民眾與醫療組織，擴展行動醫療團的關懷面，是慈濟在尼泊爾賑災最有力的推手。

在趙有誠眼中，尼爾是個非常不一樣的年輕人，「他很沉著，很有智慧，而且懂得縮小自己。這一路如果沒有他的幫忙，我們的行動醫團要去哪些地點、如何在最短時間照顧最多病人，這些都辦不到。」

行動醫療團每到一處，就試著尋找當地的醫師、護理師和民眾加入義診志工行列，如此點燃愛心而有效率的運作，很快就成功地招募到上百名人力，一起協助義診進行。

身為一個醫師，一個與佛陀有著相同血脈的釋迦族裔，一個極望協助鄉親度過難關的尼泊爾子民，尼爾從旁觀慈濟人，進而在最貼近的距離細細感知慈濟人，他真真實實體會到，這群來自遙遠臺灣的身影，正在以一種深刻的大愛能量，陪伴尼泊爾度過世紀災難。

經歷災難的過程，更容易看見生命的深度。尼爾每天從眼前這群人身上領悟光明與希望，從傷病者無數的祝福回饋裡，他感受到原來伸出援手幫助他人，會帶給自己這麼大的快樂；從自己心目中「會走路的神」——簡守信和趙有誠身上，受到的啟發更是超乎意料、前所未有。

## 醫療典範在點滴身行中

尼爾從小的志願就是成為醫師，醫師的天職在於救人，而慈濟的醫師不只醫療救人，還放下身段與所有人一起合作，不論參與發放或執行志工勤務，全都親力親為。這看在曾是天之驕子的尼爾眼中，尤其是在這個對醫師無比尊崇的國家，讓他非常震撼！

慈濟醫療團隊「視病如親」的態度，有如對待自己親人般為傷患細心包紮的一舉一動，點滴畫面都讓他內心澎拜不已。

尼爾也參與過當地的義診，但感覺完全不同。相較於把病人當作個案的醫療，尼爾看到慈濟醫師更多了份「醫心」，那種柔軟地與鄉親互動的問診，「會讓病人覺得自己無病無痛，只是來跟醫師問候、聊聊天。尤其是在做傷口清創或敷藥之前，醫師都會先溫暖地撫慰病人的心，讓病人覺得就像沒有經歷這一場大災難。」

無論是下雨還是大太陽，也不管渴了或是餓了，慈濟團隊都把幫助他人擺在第一位，先考量病患的需要。團隊準備了香積飯和飲水，午餐時間總是先提供食物給當地志工，確定每個人都吃飽了，自己才開動。尼爾有時會去回想，「今天簡院長和趙院長用過午餐了嗎？我只看到他們不斷工作和幫助民眾。原來，他們都是等到完成一整天的醫療任務，才會拿出午餐飯盒，在返回飯店的途中享用。」

這個形象深深印入當地人心，數百名當地志工都感到不可思議，也意識到自己沒有理由懈怠。尼爾自認：「從第一天，我就被慈濟人深深打動！」

## 愛，是唯一的答案

一直以來，尼爾知道父親心中有一個期盼——成立釋迦基金會，一個以「釋迦族」命名的基金會，讓尼爾很感興趣。他認為，「釋迦」二字既是來自釋迦牟尼佛，應該要與佛陀的精神結合。

強震之前，他就開始研究佛陀的雕像，試著從圖片和法相中，找出隱藏其中的意涵。強震之後，他感覺到所有的佛像不再只是「相」，而是充盈著一種偉大的能量。就如他對慈濟人付出無所求、而且還向受助者道感恩，尼爾說：「我從沒看過這樣的關懷和愛。通常我們只會對上師，對比丘、比丘尼，或對神這樣感謝，但不會對需要幫助的人感恩。」而正是這樣的「愛」，連結成堅實的力量，足以去幫助千百萬人。

尼爾領悟到，愛，才是解決所有疑問、苦難的唯一答案。

他這樣發現了愛，也這樣確定了自己的生命方向。因此除了醫療，尼爾加入慈濟在尼泊爾的各種援助行動，把自己放在上升的軌道上。

去發放時，他幫忙扛箱子、搬毛毯、福慧床、各種物資。跟著去災區家訪時，他領悟力強，只要慈濟人教過一次，第二次他就可以帶著年輕的當地志工學習，融會貫通地分配各項工作，執行力非常積極。

每場發放都有的「竹筒歲月」，尼爾會在場中用心說明，果真民眾都投下了銅板，一個小動作發一個好願，點滴累積，帳篷區居民的心已經開始富足。

在六月底的一場聯誼會裡，尼爾帶領當地的實業家們「行堂」，穿上慈濟圍裙、綁上頭巾，一起來為所有人上菜。

七月進入賑災中期，多場簡易教室的移交典禮如期舉行，尼爾也一起擔當主持人，展現在醫生身分之外，親切活潑的另一面。

臺上臺下有求必應的尼爾，逐漸成為當地年輕志工的指導者，由於當地家庭主婦不會說英文，他訓練年輕志工用Nepali及Newari不同語言，來教導自己的鄉親。

尼爾也涉獵援建學校、組合屋方案，而協調尼泊爾成立慈濟人醫會，是他的首要任務。人醫會成立後，第一次執行義診的夢幻任務，就在「比故修道院」幫助喜馬拉雅山上的修行人及附近鄉親。

愛可以透過不同的形式來展現，跟隨九個梯次的慈濟團隊，每個慈濟人都是課堂，串起一個個愛的連結，尼爾真的看到，佛陀故鄉的善種子已經在發芽、伸展、茁壯。「慈濟已逐漸在尼泊爾生根，並與其他組織建立了合作默契，進行慈善、醫療、教育等活動，推廣人道關懷。」尼爾說。

## 這是一場新生

有一天上午，在臺灣與尼泊爾的視訊會議中，證嚴法師與尼爾對話。

就在對話將近尾聲時，證嚴法師忽然喚了尼爾一聲「阿難！」一時間，全場震驚。在這跨時空的交流中，聽到的每一個人，有凝默，有深思，有體會，有感知……

後來在一次訪談裡，尼爾被問及，「當時聽到上人以『阿難』這個稱呼來讚歎你、祝福你時，當下心境如何？」

尼爾說：「當上人稱呼我為『阿難』，我覺得，我真的身在這個大家庭裡了。上人在臺灣，而我在尼泊爾，這聲稱呼，就好像讓我從別的地方，回歸到了這個大家庭，覺得非常溫暖。」

二〇一五年十月，尼爾來到臺灣，「我很想見到上人，因為那麼多我印象深刻的大醫王，在全世界許多角落進行義診，不論什麼天候、什麼情況，付出無所求。在跟醫師們共事的那段時間裡，我作為一個後輩，經常覺得他們比我還有能量，這背後的強大驅動力，我想要一探究竟、親身感受這股力量，所以我一定要來臺灣。」

尼爾在臺灣參訪近二十天，剛巧十月正是他生日的月份，因地震而與慈濟結緣，因來臺灣而度過一個特別的生日，尼爾感到別具意義：「就像在這裡加入了全新的世界，跟隨著上人的腳步，這是我的新生。」

從最初不確定要不要加入醫療團隊，一直到形影不離一百天，一百天任務結束，卻不是終止，而是另一個開始。「我覺得，自己本來就屬於這個團體，我應該用生命去做慈濟。」

# 42 東方，有一個琉璃世界——勝偉．甘瓦利

尼泊爾醫師勝偉．甘瓦利（Sarvesh Gyawali），是虔誠的佛教徒，追隨阿查里亞．斯里達爾林仁波切修行。這位生命的啟蒙上師在教導勝偉時，舉臺灣慈濟為例談及行善助人，上師告訴他：「一位手無寸物的尼師，生活非常儉樸，但領導著慈善機構馳援世界各地的災難角落，在當代，應該沒有其他像慈濟影響如此深遠的團體。」

佛教的六度波羅蜜，布施、持戒、忍辱、精進、禪定、智慧，是六種助人解脫的修行方法，勝偉回憶：「上師教導我們有關布施的時候，提到慈濟在這方面的成就，這是我第一次聽到有關慈濟的事。我很好奇，一位身無分文的尼師，為什麼能做出這麼大的貢獻？」

## 上師的囑咐

勝偉在當地的一家癌症醫院服務，他知道臺灣在肝癌防治的經驗非常多，為了學習肝癌的診療與照護，醫院准予勝偉半年假期，到「臺北國泰醫院」進修訓練。

出發之前，上師叮囑他，到臺灣後一定要去拜訪慈濟，「上師說，尼泊爾需要慈濟，希望我前去接觸、學習，把慈濟帶回尼泊爾。」如何引進慈濟落足尼泊爾，勝偉奉上師之命踏出第一步，前往臺北慈濟醫院拜訪，並且與院長趙有誠結下好因緣。

當勝偉完成他的考察報告，從臺灣寄呈上師，陳述慈濟可以如何有效幫助尼泊爾人民時，沒想到，就在二〇一五年四月二十五日，發生了舉世震驚的尼泊爾大地震。

勝偉聽到地震消息，第一時間立即與慈濟聯絡上。「個人做不了什麼事情，而慈濟團體大、力量大，所以請求慈濟幫助。沒有慈濟，我們可能做不到。」

震後第二天，勝偉來到花蓮靜思精舍拜見證嚴法師，此時，慈濟賑災醫療團已經準備出發。勝偉是尼泊爾地震後，第一位見到證嚴法師的尼泊爾人，時間點非常巧合，因緣更別具深意。

第一次這麼近距離地見到證嚴法師，勝偉說：「這是來自於很多累積的因緣，我真的很感動。我可以感覺到上人的柔軟與力量，彷彿走過世間所有苦難，仍然堅定不移。

就像一位母親見到孩子受苦了，千辛萬苦也要保護她的孩子，幫助她的孩子，這是我對上人的感覺。我也告訴上人，我們一直以來就希望能跟慈濟接觸，現在終於成真了，雖然是因為這場不幸的災難，但終於見到上人了。」

## 「我們幾乎失去的部分」

「我比慈濟晚了五天，才回到尼泊爾。」勝偉返抵國門後，加入了慈濟賑災醫療團，前進災區展開救援行動，包括義診、發放、慈善訪視等。與臺灣志工合作，勝偉儼然成了隊伍的一份子，為自己的鄉親看診、換藥、找藥，默契十足。

親見醫療團隊不辭辛勞幫助傷患，不但及時施醫施藥，而且以真誠的愛對待鄉親，勝偉覺得很安心也很佩服。「一般人無法和語言、生活方式不同的人溝通，但是慈濟人卻超越了這層阻隔，直接去到家裡慈善訪視，盡其所能的幫助人們。」

尼泊爾雖然有醫師為窮人義診，但並不常見，勝偉分析：「第一，我們缺乏資源；再者，大家也沒有意願去做更多。比如去到一個偏遠的地方，到了那裡就會發現，幾乎任何層面都有困難，但我們無法提供更多醫療資源，只能請民眾去大醫院。然而民眾若能負擔得起醫院費用，也不會來接受義診了。」

看在勝偉眼裡，慈濟的義診大不相同，「慈濟是有備而來，除了為病患施醫施藥，對於許多問題都能去面對並解決，即使是特殊的病患，也會給予更多幫助。」

勝偉體會到，慈濟人付出無所求的純粹動機，「是來自於佛陀的教誨，來自於同體大悲。我看到醫生與傷病者之間非常親近，那是人與人之間的緊緊聯繫；在醫病中見到人純善的本性，這是我們在尼泊爾幾乎失去了的部分。動力來自於慈悲，由於這個出發點不同，讓慈濟與其他團體有非常大的不同。這股助人的心意真的為災區注入一股新力量。」

勝偉看著這一群慈濟人，身處殘破而克難的大地，忘我投入，「或許連我們自己都未必有長久的動力走下去，因為這不是做一、兩個小時或是一週一次就可以，而是每天持續一直做。慈濟人常常不管自己是不是渴了或餓了，甚至反過來問我會不會餓？這本來應該是我們在地人照顧慈濟人才對。如此的關懷真的很可貴，這在其他的團體是看不到的。」

勝偉是佛教徒，巨大的傷痛讓他深刻體會到，佛陀所說「世間無常」這個大課題。「這場大地震，改變了我的人生觀。」不到一分鐘的天搖地動，奪走了八千多人的生命，而他自己以前的努力，也瞬間化為烏有，但是勝偉說：「我不曾因此哭過！我更警惕自己的行為，並且接受已經發生的。」

## 把自己當作「藥師佛」

自從開始學習佛法，勝偉最心慕的就是「東方琉璃世界藥師佛」，上師曾經對他教示：「不是每天誦經，而是要把自己當作是藥師佛，去幫助苦難生病的人。」在慈濟，他真正看到人間佛法，「參與慈濟義診，運用醫療專業為鄉親解除病痛，可以從中體會『藥師法門』的深義。」

二〇一五年五月十日佛誕節這天，當慈濟志工黃秋良在浴佛典禮中，恭讀證嚴法師對鄉親的慰問信時，勝偉就同步進行翻譯。看著賑災醫療團捧著香燭、香湯入場，看著當地官員、兩百多位藏傳佛教法師、受災鄉親眼共同虔誠浴佛，這一幕幕景象讓他體會到，對剛剛經歷災難恐懼的民眾而言，如此的心靈慰藉，意義多麼重大。

六月下旬，眾人期盼的尼泊爾首場「人醫茶會」就要展開，籌備過程中，勝偉拿著電話不停聯絡，一一邀請當地醫師前來參加。「他們若能多一點了解，就多一分機會來一同參與慈濟善行。」其實要邀請醫師前來並不容易，因為尼泊爾公立醫院的醫師，下了班還會再到私人醫院賺外快，但是勝偉說：「這次的邀請，一個都不能少。」

七月下旬，第十梯賑災醫療團在曼索里帳篷區，進行發放、衛教及義診活動。勝偉帶動更多當地醫生前來，「其實在尼泊爾也有其他義診區，但為什麼大家喜歡參加慈濟，主要是慈濟人文感動他們，因為慈濟有不同的精神內涵。」

八月，勝偉與尼爾邀約當地醫生、護理人員及藥劑師，一起在奇翠巴蒂帳篷區為病苦的民眾付出。醫療團隊考量到奇翠巴蒂帳篷區人口稠密，但大家共用的廁所僅有三十六間，衛生條件令人擔心，萬一爆發傳染病，將一發不可收拾，所以決定在此進行大型義診及衛教活動。

在衛教宣導時，勝偉示範並帶著大家做「濕、搓、沖、捧、擦」五個步驟的動作。這是臺灣衛生教育的正確洗手步驟，藉此培養當地老少都有基本的健康觀念。

「因為慈濟在當地陪伴帶動，讓很多醫師、護士紛紛投入志工行列。」勝偉綜觀他的親見親聞，來自佛教組織的慈濟人平等看待尼泊爾人，尊重當地的種姓制度背景，而能不分信仰或種族，慈悲一切。「慈濟人幫助孤苦無依的老人，還帶動受災的人們協助孤老沐浴、送醫，災後舉辦一連串的義診與物資發放……大家看在眼裡，雖然感覺奇怪，但內心深處其實很感動。」

## 彷彿來到藥師佛的世界

九月下旬，國際慈濟人醫會年會在花蓮舉行，勝偉和太太芮曲塔醫師，第一次來臺參加。兩人都在會中分享尼泊爾大地震時自己的心情，以及投入慈濟義診活動的法喜。

芮曲塔回憶地震發生當時，丈夫正在臺灣，她獨自倉皇逃出家門，所有通訊中斷，無法得知家人的安危，讓她一直活在恐懼中。直到勝偉回到尼泊爾，並帶著她走入慈濟。

跟隨慈濟人到處去義診，幫助需要幫助的人，讓芮曲塔非常感動，也因此漸漸走出恐懼的陰霾。「在我們那麼無助時，慈濟人為尼泊爾照亮了黑暗的角落，帶來愛與關懷、以及慈悲，從白天陪伴到深夜。」

芮曲塔學習慈濟人付出還要道感恩的精神，「當我向受災民眾鞠躬的時候，我覺得很開心，因為我在做的事情這麼有意義。」來到臺灣花蓮，一路看到慈濟人文，她說：「我學到很多，我要把這些感動留在心中，化作一份力量，帶回我的國家，陪伴我走更遠的路。」

在國際慈濟人醫會年會中，勝偉看見來自二十二個國家地區的醫師及護理人員，在各地為苦難人付出。他說：「我真正看見『人間佛法』的實踐，是跨越了種族、文化和所有的隔閡！」尤其他來自佛陀故鄉，親自見到參與尼泊爾賑災的醫師們無私的奉獻，感受到每一位人醫會成員，就如奉行藥師佛教誨的精髓一般。

「每一個醫生，都是藥師佛小小的化身，作為醫生，有很大的機會修行佛法。」當與四百五十八位學員共聚一堂時，勝偉說：「來到花蓮，看到在同一個屋簷下，聚集那麼多來自全球一直付出愛心的醫師和護理人員，讓我覺得，就像來到藥師佛的世界！」

43

# 最純淨的教誨——馬坤達

當尼泊爾震後第三天，慈濟首發的賑災醫療團飛抵加德滿都機場時，除了有葛雷神父全程協助，還有一位專程前來迎接的熱忱身影，幫忙運送大批的救災物資；並且在慈濟賑災之初遭遇重重困難時，協助慈濟通過層層關卡。這位與慈濟因緣長遠的佛教徒，就是「尼泊爾青年基金會」主席馬坤達。

## 來自上師的指示

一九九三年，尼泊爾因為一場大水患，造成許多居民無家可歸，慈濟在南部三縣援建一千八百戶大愛屋，讓當地民眾得以重生。當時馬坤達正在政府單位擔任公職，在財務部門中有一項「災難重建基金」，每當有災難發生時，這個基金就會啟動。馬坤達即是這個基金的負責人，處理來自十方的善款或援助，因而知道在遙遠的東方，有一個名為「慈濟」的佛教團體。雖然，當年沒有機緣在第一線與慈濟人見面、互動，但是來自臺灣的愛，已深深烙印在他內心。

能夠進一步認識慈濟的精神內涵，得自於他的上師阿查里亞・斯里達爾林仁波切（Vidhyadhar Acharya Mahayogi Sridhar Rana Rinpoche）的介紹；二十二年後尼泊爾再次遭逢災難，慈濟千里馳援，上師給了他明確的指示：「務必竭誠配合慈濟提供服務！」自此，馬坤達展開大愛和感恩的一場無盡之旅。

馬坤達的上師阿查里亞・斯里達爾林仁波切，出身自掌握政治與軍事權力的貴族，在印度教大師的指導下，解開了吠檀多哲學（Vedanta Philosophy，集印度哲學思想大成的學派）的密意，達到印度教登峰造極的成就。雖然如此，仁波切覺得似乎仍未究竟，因為無法透澈所證悟的三昧，和徹底脫離苦難及根絕煩惱有何關聯，於是決定轉向佛陀的教誨去探尋，開始另一段修行。

阿查里亞・斯里達爾林仁波切的上師告訴他：「真正的佛法被神話、傳說、誤解和迷信所蒙蔽，我們極力維護佛陀最純淨的教誨，代代相傳至今。而今，我們祈願，希望能透過你，把佛法傳給你的同胞。」

於是，阿查里亞・斯里達爾林仁波切決定選擇較有佛緣的追隨者，展開佛陀的教育，指導他們走上菩薩道，馬坤達即是他最資深的弟子之一。

## 依循佛陀的足跡

馬坤達在上師的教導之下領悟到，要成佛必須積累無量功德和無窮智慧，而功德是付出無所求及慈悲等觀所成就。因此，馬坤達為貧困學童提供教育，並與醫師和衛生專業人員協調，指導營養不良兒童的母親，採用當地生產的大麥、小麥等餵養孩子，從而治癒營養不良等問題。

地震之後，馬坤達在尼泊爾境內成立了二十二所「日照中心」，讓在地震中失去父母或家裡受到損害，以及因災後壓力創傷症候群而走不出來的孩子，在白天可以受到照顧。並且請來兒童心理輔導專家，帶領孩子唱歌、跳舞、聊聊天，幫助他們重建心靈，等到一切歸於正常狀態，再回到他們自己的家庭。

在佛陀的土地上，依循著佛陀修行和度眾的足跡，馬坤達謹記上師對他最重要的教誨——從內心深處培養愛、慈悲與熱誠，才能真正對眾生有所貢獻。所以當他到機場初見慈濟人，看到這個組織竟能在如此短的時間內，便動員人力與整備物資，行動之迅速既令他倍感驚訝，更讓他親見，這不正是愛、慈悲與熱誠的具體展現嗎？

他在一篇文章中寫道：「我留下很深刻的印象。即使當時仍餘震不斷，但慈濟志工一抵達加德滿都機場，便馬不停蹄趕往鄰近城鎮救助受災的貧苦家庭，我深受這些人為地震受災民眾付出的關懷所感動。之後，我自願協助發放救濟物資，看到志工每次遞出物資給民眾時，總是擁抱著他們並致上深深的一鞠躬，展現出一種同胞之愛與深厚情感，這畫面讓我為之動容。在這之前，我從未曾見過這種情景，如此不帶任何偏見的付出與無私奉獻，我內心深處的感動實在難以言喻。」

## 慈悲的連線，遙遠但近切

「天天在晨語中講說佛陀的教法，對於尼泊爾，我有一份親如故鄉的親切感；期待能回饋佛陀的恩德，讓佛陀的故鄉恢復神聖淨土。」證嚴法師希望慈濟能獲得尼泊爾政府許可，長期服務當地，讓大乘法扎根。

馬坤達自與各地慈濟人互動以來，深刻感受到每一位志工都具有人文氣質與慈悲涵養，更真誠平等待人。他希望慈濟這麼好的法能傳入尼泊爾，讓孩童、年輕人了解佛教教義，建立正向思考，擁有正確的人生方向，如此才能真正幫助下一代。

由於過去幾十年的公共服務及政府工作經歷，馬坤達於是成為慈濟與尼泊爾政府各部門間溝通的重要橋梁。

二〇一五年九月底的一天上午，賑災團邀請馬坤達一起與靜思精舍進行連線，他準備要向證嚴法師報告慈濟在尼泊爾的註冊進度。

這個註冊申請，是一個繁雜而冗長的過程，馬坤達不辭辛苦，一個一個政府單位循序去跑流程，耐心而詳細地說明慈濟的組織、精神內涵，以及為什麼尼泊爾需要慈濟，他請政府官員來協助達成這個目標。

馬坤達默默做了許多努力，但從來不邀功、不計苦，就在這天的視訊連線中，他面對著遠在臺灣又近在眼前的證嚴法師說：「上人，我們希望讓慈濟可以扎根在尼泊爾，但是在申請的過程中，我碰到了一個很大的困難，目前還沒有辦法克服，我向您懺悔，我會繼續努力……」

不論是在現場，或者是透過視訊，看到馬坤達那種懇切的神情、眼中泛著的淚光，所有人都為之動容。

## 入世廣行大乘佛法

二〇一六年五月，馬坤達首次來到花蓮參加浴佛典禮，雖然現場有幾千人共同浴佛，但他覺得內心十分平靜與祥和。深受感動而堅定心志，發願回去後要以慈濟使命為自我使命。

馬坤達向證嚴法師請求皈依，證嚴法師勉勵他，皈依三寶，要深入體會佛法道理；走入慈濟，要入世廣行大乘佛法。「期待利益眾生的法，能長久在尼泊爾發揮良能。」

而馬坤達也衷心期盼，透過地震可以轉惡緣為善緣，從此將佛法的種子撒播在尼泊爾。「為了達到這個目的，我誓願要獻出自己所有的時間和資源做慈濟。觀察慈濟如何在全世界推行佛陀的教育，細數慈濟在許多國家留下的慈善腳印，讓我法喜充滿。人類歷史上，從未有人能夠將佛陀的教育在全世界造成如此大的影響。從前沒有，即使在釋迦牟尼佛的時代，也未能傳法遠播這麼多國家，普被上百萬生靈。所以，我認為自己很幸運，能出生在證嚴法師的時代，有機會追隨明師，成為慈濟家庭的一份子。」

# 44 每一日，都有慈悲的刻度——攸尼斯

四月二十五日的一場天搖地動之後，十九歲少年攸尼斯的家，只剩二樓樓板。當他從躲避的桌子下逃出屋外，放眼附近一帶，幾乎夷為平地。畢生難忘的遍地瓦礫，就如他當下一片廢墟的心情。

他以為自己活不了了，在那個劇烈震盪、煙塵漫天的剎那。

## 從零開始，重整旗鼓

地震發生的前一刻，攸尼斯正在家中準備五月三日的升大學認證考試。他對自己的未來一直有明確的藍圖，因為自小喜歡機器人、車輛等機械性的事物，他希望一步步朝著工程相關學系邁進，將來學成後，可以投入水力發電相關領域，為自己的國家貢獻所長。

但是，地震動搖了他的人生藍圖。他開始懷疑，一向篤定前進的第一志願，適合此後的自己嗎？昂貴的學費，怎是頓失財產的貧困家庭所負擔得起的？

茫然、恐懼、悲傷，充斥他的內心；外在環境更是一片愁慘，無家可歸的人們棲身在空曠泥地，竹竿撐起的塑膠布下，傷者的呻吟、老人的哭泣依稀可聞。沒有廁所、沒有乾淨的飲水，只有飢餓和日間的曝曬、夜間的冷雨，擾人的蚊蠅嗡嗡飛鳴，失去希望的人們無語問蒼天……

苦難，一日日在他生命中留下刻痕，幸福從他眼前消失。直到藍天白雲的身影出現在他的視線裡，攸尼斯搖搖晃晃的人生路，自此開始，每一日、每一步，開始重整旗鼓。

五月二日，穿著藍上衣、白長褲的慈濟志工，走入曼索里帳篷區關懷，這是攸尼斯第一次知道，世界上有慈濟這個非政府組織。

隔日，慈濟香積站成立，雇請受災鄉親以工代賑，幫忙清洗、烹飪、配送、家訪、翻譯。攸尼斯開始加入以工代賑行列，他流利的英語成為慈濟志工翻譯的好幫手，同時也是為自己的鄉親幫忙。

五月四、五兩日，慈濟帶來十五頂大帳篷，攸尼斯和所有志工趕緊搭建。當附近居民終於搬到大帳篷區、自己一家人也住進其中一頂時，攸尼斯漸漸覺得一己之力可以扶持他人，傾倒的人生階段可以如帳篷立地而起。

五月六日，駐守曼索里帳篷區的西班牙醫療組織撤營，由慈濟醫療志工接手照護鄉親。攸尼斯繼續幫忙翻譯，數百名鄉親的病痛，透過他與醫師溝通而得到診治，他的角色是療癒鄉親重要的一份子。

付出，一日日在他生命中留下刻痕，因為有慈悲腳步的帶領。

## 慈悲一切，不錯過任何一天

震後一個多月學校才恢復上課，在此之前，大學考試迫在眼前的攸尼斯，積極尋覓可以安靜讀書的角落。終於在離帳篷區不遠的一座印度廟，找到二樓的空間，攸尼斯將它申請為臨時圖書館，讓學生們可以在此專心課業。

但空有圖書館也是徒然，大家的書本、桌椅都被埋在瓦礫堆裡。慈濟志工得知後，隔天就載來四張桌子、四十張椅子和四十冊書本，為準備考試的學子們加油打氣。

有一天，慈濟志工帶齊打掃工具，準備將圖書館清理一番，不料到此一看，環境乾淨整潔，原來學生們已經自己動手完成。

就在慈濟志工就著受災鄉親名單，討論物資發放動線時，正在一旁的攸尼斯說了一句，「名單不是這樣的！」

慈濟人感到詫異，因為這是管委會提供的名單，應該錯不了。

攸尼斯打開書包，拿出一份打印清楚的紙張，「這是這兩天才更新過，最完整的名單。」

名單是他和朋友共同著手的成果，因為知道許多非政府組織來這裡幫助他們，一定會需要受災名單，所以主動定期不斷更新。雖然他也是名單上的人，十九歲的青春年紀，正在跨越大學考試的門檻，也正在跨越生命的難關，但是，因為感恩慈濟長時間的陪伴，他也很想幫上一點忙。

震後兩個月，攸尼斯觀察到國際及當地的非政府組織，或為帳篷區提供物資，或為帳篷區提供設備，來來去去的腳步裡，多半是走一圈、看一下、做個紀錄就離開，並沒有跟當地人有太多互動。「慈濟志工最特別，這兩個月竟一梯梯出團輪流來，每天都有慈濟人來關心我們。」攸尼斯難掩心中的意外與感動：「不錯過任何一天，每天提供免費醫藥，走到每一個帳篷裡，跟每一個家庭訪談，來聆聽與了解，這裡大約有四百戶家庭吧，花了很多時間。我們感受到的是一種難以言喻的愛和慈悲，這是在別的團體所沒有看到的。」

當愛的腳步在心裡鏤下慈悲的刻度，攸尼斯開始更新人生的方向，他希望自己也能夠成為助人的人，就像每一位來到這裡的慈濟志工一樣。

震後三個月，高雄慈濟人黃靖輝來到尼泊爾賑災，攸尼斯開始跟著他學習錄影等技巧。錄影本就是他的愛好，經過半個月的訓練，他加入慈濟在尼泊爾的記錄團隊，成為一名「人文真善美志工」。

## 人生理想轉了一個方向

慈濟讓攸尼斯看到了生命的力量。他經常參加慈濟活動，做事認真、勇於承擔，協助調度小志工人力，成為當地小志工的領隊人物。攸尼斯說：「很高興因此能幫助到我的國人。」

地震後的下半年，攸尼斯一家面對了大環境上接踵而來的困境，天災、政治難題、燃料危機、物價飛漲、糧食藥品短缺，對受到地震摧殘的土地而言，更是雪上加霜。「但我沒有忘記慈濟志工對我們的激勵。」攸尼斯從「竹筒歲月」的故事，知道慈濟的緣起來自點滴累積，小錢可以行大善；「我相信，我們也可以用自己的力量重新站起來。」

通過大學考試，對攸尼斯的現況是一則以喜、一則以憂，因為家貧，只能向學校申請學費優惠及獎學金。他的人生理想也在此轉了一個方向，先前的第一志願是工程學系，如今的夢想是加入「慈濟人醫會」，所以改選讀醫療保健管理學系，希望未來能跟隨慈濟志工的腳步，幫助眾生。

受災是一時的，而發願要當助人的人，可以生生世世。二〇一五年十二月，攸尼斯來到臺灣參加「全球慈青營隊」，返回花蓮尋根，並參訪敬老院和醫院，為長者和病人祈禱，表演手語歌曲同樂。

在「榮民之家」裡，攸尼斯擁抱了一位阿公，老人家好感動。回到精舍，有一位慈濟人擁抱了攸尼斯，讓他感動落淚。「先前慈濟志工來帳篷區，為我們祈禱，把快樂分享給我們。現在，我來到臺灣，在花蓮慈濟醫院和榮民之家，我也能分享自己的愛與快樂。之前是慈濟志工把愛分享給我，現在的我也能再分享給其他需要的人。一個擁抱，我覺得非常感動，也很感恩。」

比起過去的自己，攸尼斯覺得快樂許多，「對眾生設身處地並且平等對待，這是我向上人所習得最重要的法。」

# 45 影像的生命力量——蘇門

最初透過「以工代賑」身分參與慈濟的蘇門，是位熱情十足的年輕人。他在協助慈濟搭建簡易教室時，展露了對攝影的愛好，經常主動拿起相機，為搭建現場留下影像紀錄。

## 記錄這片土地的真善美

慈濟人文志業發展處賴睿伶，在談到尼泊爾的人文紀錄時說：「自地震之後，慈濟人的陪伴從沒有間斷，那一段時間的影像拍攝，都是出自於臺灣的人文真善美志工之手。隨著時間過去，善種子已經在尼泊爾發芽，於是我們在想，如果善念是從這塊土地長成，那麼善念的記錄，是不是也可以從這塊土地開始？」

透過當地人的眼光與攝錄的角度，將尼泊爾的影像傳送到世人面前，賴睿伶認為，

「臺灣團隊不可能永遠留在當地，愛一定要扎根本土，那就得靠在地志工用照片與影音，讓世人可以看到這塊土地雖然受傷，但是已經努力站起來。」

為尼泊爾寫歷史，由當地人文志工承擔；為慈濟作見證，也交給本土青年打開關懷的視界。從事雜誌攝影且有採訪經驗的蘇門，正式投入慈濟人文真善美團隊。雖然自己的相機在地震中壓壞，但他設法借來一部使用，同時學習攝影機的操作，了解溝通訪問技巧。

蘇門學習力驚人，進步神速，能拍攝，能寫稿，更是翻譯的最佳幫手；慈濟志工陳榮欽讚歎他有一百分的表現，最難能可貴的是學習的堅定心念。蘇門也深有感觸：「慈濟不只是一個救援團體，他們也會給人微笑。之前我有一個工作機會，但我拒絕了，因為我想成為慈濟志工。」

## 舉起相機前先彎腰

過去從事專業時尚攝影工作的蘇門，為雜誌拍攝精美封面時，是照片內容的設計者，他指揮人物站立的定點、擺置人物漂亮的姿態，然後按下快門，凝定那個華麗的剎那。「但在慈濟，不是如此，我們記錄的是每個真實發生的當下。」

蘇門的這個體會，其實是經過一個精神層面的蛻變過程。那一次，蘇門承擔物資發放現場的拍攝，他舉著相機跑前跑後，積極地抓取角度，在一片溫馨的場景中，咔察咔察猛按快門。

賴睿伶見狀，輕輕提醒他，慢一點，慢一點，先跟大家一起發放。她要傳達的是：放下相機，定下心，先學習付出。於是，蘇門跟著所有慈濟志工一起彎下腰，雙手奉上毛毯，向受災民眾九十度鞠躬，然後擁抱、祝福。

感受九十度彎腰的感覺；感受付出的那份歡喜；感受面前不論是阿公或阿嬤或婦女的笑容之美；感受祝福的擁抱透過毛毯絲絲纖維密織的溫暖；感受沒有施與受之分，只有感恩、尊重、愛的互動；感受什麼才是真正的人文之美……賴睿伶說：「透過『付出』去體會，這是上人的法，不是直覺式的，而是要經過沉澱。」

蘇門掌握到「感受」的內涵，他拿起相機，開始拍。偶爾，還是會忍不住脫口而出，請站過來一點，請給我一個漂亮的角度。這時，身旁的人文志工會再提醒，尊重活動裡的每一個人與每一個發生，這是基本的準則。

作品，是攝影者觀察人物的真實動態，進而呈現出影像的力量，而不是要求人物來成就鏡頭下的美感。漸漸的，蘇門已經深刻知道何謂真善美的人文。

蘇門在人文攝影上受到的啟迪，一如許多慈濟人受到證嚴法師的珍貴身教。深深一鞠躬，九十度的彎腰，讓慈濟人從不同高度去觀照人間景象。中國大陸慈濟志工李怡萱，曾經分享鞠躬對她的觸動：「當我認真地鞠每一個躬，發自內心地道每一句謝時，不知不覺間內心世界暗流湧動，就在鞠了一百多個躬時，眼淚忍不住奪眶而出。我終於懂得『恭敬』、『彎腰』的含義所在，明白證嚴法師所說的『縮小自己』……最初認為是自己來做好事幫助別人，最後才知道其實是在幫助自己！」

舉起相機之前先彎腰，蘇門也有了屬於自己的體悟。

## 第一位回臺取經的尼泊爾真善美種子

秉持一股學習的熱情，蘇門遠從尼泊爾來到臺灣花蓮，在真善美志工的指導下，磨練更深入的攝影和採訪技巧。

「我在尼泊爾時，看到慈濟志工是如何地投入，師兄師姊對每個遭逢不幸的鄉民都付出大愛，我想更深入了解並學習，所以決定來臺灣。」蘇門想學習如何在人生路上更進一步，「加入慈濟後，我不再和以前一樣，我學習了記錄真實的人間樣貌。」

蘇門在臺灣的訓練課程非常扎實，其中包含錄影、剪接，對他而言都是全新的接觸，語言與生活上的轉變也十分陌生。蘇門感受到與以前完全不同的工作模式和理念：「我還在時尚雜誌工作時，如果要討論事情，我們會去飯店之類的高檔處所，開會就像開派對一樣。但是慈濟人不浪費一分一秒，我們直接在車上討論攝影，省下許多時間，可以再去幫助更多有需要的人。兩種模式完全不同，我覺得慈濟是更好的一條路。」

這條路上，許多慈濟人的愛環繞著蘇門，除了賴睿伶與施雅竹的一路陪伴，還有人文志工中來自高雄的黃靖輝及花蓮的陳榮欽，可說是以二對一的個別教學，在攝影專業上傾囊相授。基隆慈濟人游錫璋也以如父如兄的情誼，帶著他去醫院關懷、到平溪義診，巴不得把一身功夫都傳給他。

蘇門為了加入慈濟，放棄工作機會，短時間內難以再擁有一部自己的相機，游錫璋疼惜這個年輕人的好學之心，還送了一臺相機給蘇門。

這個贈與，是法親家人間的相互支持，更象徵善的延續，在菩薩道上法脈相傳。以此期許蘇門回到尼泊爾後，帶領當地的人文志工，透過影像表達力量，讓世人看見，尼泊爾在全球的大愛中已經重新站起來。

# 46

# 來自尼泊爾的臺灣女婿——劉馬尼

劉馬尼是土生土長的尼泊爾人，因緣際會下成為臺灣女婿，一九九九年經歷了九二一大地震的他，對當時慈濟的賑災動員大受感動。後來，他的太太參加了慈濟歲末祝福，拿到菩薩大招生（慈濟志工招募、培訓）報名表，於是鼓勵他參加志工見習，經過培訓之後，劉馬尼受證成為慈誠。

二〇一五年四月二十九日，尼泊爾強震後第四天，劉馬尼回到尼泊爾，為自己的故鄉出力。等當地情況較為穩定後，他透過人在臺灣的太太取得聯絡方式，主動找到慈濟賑災醫療團。從這一刻起，這位臺灣女婿以慈濟志工的身分，在尼泊爾歸隊於他所屬的大愛隊伍。

## 發心立願，承擔籌建簡易教室使命

劉馬尼的出現，對慈濟的賑災行動幫助極大。由於他通曉中文、英文與尼泊爾文，當慈濟完成急難救助任務、當地進入中長期建設階段時，劉馬尼在簡易教室工程與當地工人的溝通順暢，發揮很大功能。

走在自己生長的鄉土，看著殘破的大地，劉馬尼的心情難以言喻。有一次，他陪同慈濟基金會營建處同仁陳永文，勘查巴塔普幾處具有指標性的學校，其中一所正是他的母校。當他走進凌亂的表演廳，在滿地碎玻璃與散落的書本中，發現一張畢業生大合照，其中一位就是大他兩歲的表哥。

景物不再，人事全非，昔時影像成了珍貴回憶。劉馬尼擦去相框上的塵土，仔細拍了張照片，留作童年校園的紀念。

然而，此刻更深切留在他心頭的，是承擔籌建簡易教室的使命。他看到校長眉頭深鎖，為未來的教室空間及學生課業憂心忡忡。在百廢待舉的困境裡，劉馬尼感恩證嚴法師給他機會幫助自己的國家，「慈濟在尼泊爾災區援建一百多間簡易教室，我一定要將它全部完成才能安心。」

慈濟賑災醫療團隊十一個梯次援助、陪伴尼泊爾四個月後，即將告一段落。二〇一五年八月二十日這天，是尼泊爾與花蓮靜思精舍最後一次的視訊連線會議。會議中，劉馬尼帶領同為營建團隊成員的本土志工桑傑、丹羅、巴山，向證嚴法師發願，一定會將簡易教室任務圓滿達成。

## 金錢買不到的助人之樂

二〇一五年十二月五日，慈濟團隊與尼泊爾新任總理歐利在官邸會面。在施雅竹的簡報後，劉馬尼向總理補充報告，關於捐贈大米以及註冊國際非政府組織的相關事宜，希望能夠尋求總理支持，讓慈濟深耕尼泊爾，更順利地幫助尼泊爾鄉親。

「佛教慈濟基金會不求回報，我覺得很好，我一定支持你們。」歐利總理感恩慈濟在地震後，對尼泊爾的膚慰與無所求的付出，同時也提到，慈濟大愛是真正無所求的付出。

劉馬尼投入尼泊爾賑災超過半年，任務完成後回到臺灣，繼續以他水電工程的專業無私付出。二〇一六年七月，臺東受到尼伯特颱風的侵襲，在當地造成許多損失，劉馬尼也到臺東協助修繕。

鄉親都很好奇，這位尼泊爾籍志工怎麼會來到這裡？劉馬尼說：「因為慈濟幫忙尼泊爾救災，我現在在臺灣，當然也要盡自己的一份心力，而且我也是慈濟人。幫助有需要的人，是金錢買不到的、很快樂的一件事。」

# 47 心靈的莊嚴——丹羅

第四梯次賑災醫療團領隊、花蓮慈濟醫院王志鴻副院長，和志工進入「猴廟帳篷區」訪視時，忽然聽到一句清晰的華語：「有什麼需要我幫忙的嗎？」

說話者是棲身在此的受災民眾丹羅，通曉印度、尼泊爾、華語、英語等四種語言的他，是一位經常往返印度及尼泊爾的年輕導遊。

志工向丹羅說明關懷之意，他很熱心，除了介紹帳篷區的現況，還提到有一戶人家特別需要援助，因為那戶人家有位孕婦就快要生產了。大腹便便的孕婦每天睡在凹凸不平的紅磚地上，輾轉反側，經常整夜痛苦呻吟；丹羅覺得很難過，但也無力給她任何幫助。看到慈濟志工的善意，丹羅希望志工能讓這位孕婦躺著時可以舒服些，「拜託你們，請給她一張軟墊，讓她好過些，只要一張軟墊就好。」

在丹羅的帶領下，慈濟志工看到那位孕婦的困境，以及帳篷區許多鄉親的病痛，因此決定在此駐點，提供熱食與義診。

第二天，志工再度關懷孕婦時，不但帶來軟墊，還包括枕頭、毛毯、小嬰兒的蚊帳，以及麥片和堅果等物資，並送上一萬盧比急難救助金。原本一臉愁苦的孕婦，露出驚喜而靦腆的笑容。

## 「尼泊爾有希望了！」

丹羅原只期望一張軟墊，沒想到志工會送來這麼多物資，患難之際的溫熱人情，讓他激動得滿眼淚光，緊緊握著志工的手。這一握，丹羅把慈濟握入他的生命中。因為懂中文，他開始協助慈濟志工翻譯，也協調熱食供應、義診關懷、為村民除頭蝨及發放毛毯與福慧床等事務。雖然目前失去工作，但丹羅看到藍衣白褲的慈濟人一批批遠道而來、在此陪伴，和當地人一樣飽受餘震驚嚇、承受天候不定之苦，他心悅誠服於志工的真誠，決定投入付出隊伍，成為一位助人者。

六月間，有人通報在猴廟帳篷區附近有一位老人倒在路邊，志工趕往一看，老人褲上沾滿穢物卻無人聞問，丹羅和同為當地志工的巴山趕緊將老人扶起，與蔡岳勳一同到男廁協助老人清理。

證嚴法師在談及此事時，讚歎當地志工的發心，「丹羅與巴山自告奮勇，把老人家扶到廁所幫他清洗。有人看到這群慈濟人的愛心，趕快拿了一套乾淨衣服幫老人家換上。整理乾淨以後，餵他吃東西補充營養，大醫王還把老人家送到醫院檢查。這位老人家碰到了菩薩，他得救了，這真是人間之美。雖然是苦難偏多，卻是人間有愛，人間有愛自然世間就莊嚴起來，這就是心靈的莊嚴。」

證嚴法師感恩慈濟人在尼泊爾撒播愛的種子，透過實地訪視與愛灑，帶動本土志工漸能堅強承擔，「『菩薩所緣，緣苦眾生』，看到這位老人家在苦難中被救拔了出來，看到他展露笑容，好開心。更開心的是看到當地菩薩的誠之情誼，這樣的年輕人多可愛，多令人尊敬！尼泊爾有希望了。」

## 用愛鋪路走過來

八月一日，慈濟在奇翠巴蒂帳篷區進行義診及衛教活動，由當地醫師和護理人員主力承擔。但適逢雨季，不只前置工作與場地布置均受大雨影響，泥濘不堪的道路更考驗著眾人的智慧。

擔心發放場地行走不便，丹羅到附近借來竹排墊地，大家踩踏其上，的確穩實許多。「看到大家分工合作，有的搭帳篷，有的鋪路，無不都是為了求診的老弱婦孺好走路，所以用愛鋪路走過來，真是名符其實。」證嚴法師說：「慈濟幾十年來，我常說是用愛鋪著路走過來，現在大家真的看到了，這不是形容詞，是真實的『用愛鋪路』，法回歸在佛陀的故鄉尼泊爾。」

像丹羅這樣的受災民眾，反過來成為助人志工者，在慈濟所到的各帳篷區所在多有。當急難救助告一段落，丹羅又加入以工代賑行列，協助慈濟搶搭許多學校急需的簡易教室，繼續用愛鋪路，走向重建尼泊爾希望的未來。

# 48 希望種子，因愛發芽——巴山

起於為鄉親烹煮熱食的因緣，尼泊爾籍藏族人巴山的內心之愛，在慈濟的香積站裡溫熱騰動了起來。

長髮及肩的巴山綁著馬尾，這是他家鄉的傳統習俗。受慈濟人幫助與長期互動下，在熱食區、發放與感恩祈福會上，都可以看見他的身影，帶動竹筒歲月更是不遺餘力。巴山聆聽佛法，進而參與培訓，成為精進的本土志工。

有一天，他以一頭短髮造型出現在眾人面前，告別長達十五年的長髮歲月，巴山形象煥然一新。「雖然習俗上我們必須蓄長髮，但現在我加入慈濟，在慈濟團體裡我發覺男士不太適合留長髮，這是我自己觀察到的，所以我剪掉我的馬尾。」巴山縮小自己，融入佛教團體，「照鏡子時，我覺得自己看起來變年輕了，覺得很高興。我剪去長髮，做了正確的選擇。」

## 對尼泊爾最好的祝福

在一次視訊會議中，巴山分享自己每天收看證嚴法師的開示影片，獲得豐富的心靈資糧；跟隨慈濟志工訪視、義診，更學習到要以「平等心」幫助每一個人。

證嚴法師開示：「佛教徒要『以佛心為己心』，平等對待一切眾生；願盡一己之力，讓更多苦難人得救。」

巴山談到自己的心境：「每一次都是快樂的歡迎各梯次志工，哭著與志工分別。」話語中充滿離愁。「離開時因為不捨而哭，見面時因為歡喜而笑；能結下這份情，是一份殊勝的好因緣。慈濟人不會放開你們的手，會持續為尼泊爾付出。」證嚴法師勉勵本土志工，保持助人為樂的心情，持續投入付出行列。

有一天，巴山帶著一位急需洗腎救命的偏鄉婦人來到慈濟義診點，由腎臟專科醫師李曉卿緊急評估，將長期補助洗腎費用。婦人一聽，淚如雨下，把證嚴法師的法相放在額頭前，久久無法言語。

欣見尼泊爾本土志工萌芽，證嚴法師以「竹筒歲月」的理念，說明人人都有機會做好事。「慈濟的一切，都是點滴的愛與善累積而成就。只要匯聚人人的善心、表達清淨虔誠的善念，就是對尼泊爾最好的祝福。」

## 就地開展菩提林

慈濟為了安頓從比故修道院救出的比丘尼，因而搭建簡易屋，讓尼眾有個臨時居所，巴山正是投入工程的本土志工之一。

每天開工前，慈濟志工陳珞韶和張佑平都會播放「人間菩提」節目，給在場志工觀賞。二十三位志工來自尼泊爾不同地區，為了確保人人能夠有效接受訊息，巴山和丹羅擔任即席雙重翻譯，打破語言隔閡。

巴山更會主動提醒大家，建立互助精神、加速腳步，儘早完成簡易屋的搭建，讓比丘尼們早日遷入安居。

慈濟在尼泊爾救災，帶動當地年輕志工了解大愛精神源自佛教、慈濟所做皆是力行佛法。證嚴法師對此也感到欣慰：「佛陀在尼泊爾出生，兩千五百多年後的今天，慈濟人又將佛法再帶回佛陀的故鄉重新播種。但願粒粒種子萌芽茁壯，成為小樹，就地開展菩提林。」

49

# 運轉善行——拉威

尼泊爾地震，牽起許多良善因緣，帶出不少本土志工。從慈濟人抵達尼泊爾的第一天，拉威就擔任賑災醫療團的司機兼翻譯，陪著志工勘災、訪視；後來受感動而穿上志工背心，一起走入帳篷區膚慰貧病、關懷受災鄉親。

拉威投入志工行列，每天幫忙志工送洗衣服、載送便當，一天跑好幾回，弟弟Gambir的工作是幫賑災團開車，有時義務幫忙不收費，兩兄弟的熱心令人讚歎。

慈濟人一大早睜開眼，踏出房門準備工作，拉威已經等在飯店，他找了間便宜的洗衣店，義務幫大家送洗衣服。傍晚又看見他，耐心等候志工回來，要將洗好的乾淨衣服分還給大家。

拉威說：「尼泊爾經歷地震的苦難，慈濟從那麼遠的地方來，我覺得很榮幸能幫助你們。」

慈濟志工李文傑認為：「拉威做了許多超出司機之外的事，比如他會主動跟我們去訪視受災民眾，或者跟我們一起搬東西。」

有一次在喜馬拉雅學校與學童互動時，拉威拿起麥克風帶動小朋友唱歌。他還會邀約左鄰右舍來家裡參加慈濟茶會，帶動「竹筒歲月」募心募愛。

弟弟Gambir說：「地震以後，有臺灣、馬來西亞、印尼還有各國很多慈濟人來這邊幫忙，我內心非常感動。」

證嚴法師讚歎慈濟人的帶動與陪伴，讓當地愛的種子已逐漸發芽。「這一位司機從一開始，天天都跟慈濟人在一起，他發現到這種很特殊的感覺，很特殊的愛。他深深地受感動，已經正式投入慈濟志工培訓，也在他的鄉里、他的家族裡面，去做志工的介紹，包括慈濟從竹筒歲月開始，他都能夠為人分享說明。」

有一天，慈濟賑災醫療團來到離拉威家不遠的地方，拉威邀請志工一起到他家走訪探視。一來到拉威的家，他的家族親友看到慈濟志工像是久未見的朋友，感覺都很熟悉。原來，拉威天天回家後都跟家族人分享慈濟，所以，他們的親人朋友看到慈濟人都是那樣的親切，也都拿起竹筒要投錢，因為他們了解慈濟的起源，就是從竹筒歲月開始。

拉威每天與慈濟人在一起，對個案跟路線都很熟悉，因而每一梯次的賑災團交接時，也很慎重地把他當寶貴的資產來交接。

七月一日，賑災醫療團即將搭機返回臺灣，把握登機前的時間，慈濟志工和本土志工在飯店舉行送別會。拉威很捨不得志工們「去」臺灣，他說：「我已經把你們當成家人了。」

# 50 因為是「一家人」

慈濟賑災醫療團二〇一五年五月五日起在曼索里帳篷區駐點義診，十一日深夜狂風驟雨來得又快又急，滂沱雨聲中，慈濟志工整夜輾轉難眠，既擔心暫居帳篷中民眾該怎麼辦？也憂慮著醫療站的物資是否還能安好？

隔日清早趕去一看，附近的大帳篷倒了四座，但醫療站的帳篷及物資竟一切無恙，彷彿生了根似的安然鼎立。

志工們感到安心又感到困惑，帳篷的結構是一樣的，為什麼能這麼幸運完整無缺？這時，尼泊爾當地的翻譯志工說：「我們整夜不敢睡，大家都想辦法要撐住帳篷不要倒。另外還有一群人守住醫療站，女生站裡面，男生站外面，死命拉住四根帳篷的柱子，全身都濕透，就怕慈濟帳篷飛掉了，這些醫療用品怎麼辦？」

原來如此，慈濟志工頓時眼眶泛熱，只能頻頻道感恩，而這些熱情的年輕孩子態度自然地說：「醫療站很重要，不能讓它倒掉。」

受災民眾的守護，是因為「你們來幫助我們，我們也要幫助你們。」

來自花蓮慈院的護理師闕那堯既心疼又感激：「風雨那麼大，天空還打雷，他們卻整夜站在那裡，只為了要幫我們守住帳篷。」她落下眼淚：「想著他們不知站了多久，任憑風吹雨打，堅持守住，就好像是你雖然不在家，可是有人照顧著你的家……」

當鄭順賢醫師知道，原來是那麼多人放下自己的帳篷，都跑到慈濟醫療站帳篷抱著每一根柱子，就這樣守護一整夜時，他說：「我當時看到了，非常的感動，才知道原來我們這個醫療站，不只是醫療他們的傷、他們的病，這個帳篷也像是一個精神寄託、一個廟宇，讓他們有心靈上的依靠。」

滿目瘡痍的尼泊爾早晨，慈濟志工卻領受了飽滿的溫暖，這一段時間以來，處處感受當地人純樸的善良，「一家人」雖是三個字而已，而在此時此刻，這三個字，卻沸騰了感動的淚水。

# 向美好的心光，致敬

潘煊

我在寫作第一本書《朱銘美學觀》時，得有機緣拜訪知名畫家奚淞先生，觀賞「大樹之歌」佛傳系列油畫。無憂樹下的太子降生，菩提樹下的成等正覺，鹿野苑中的初轉法輪，樹林貫串著佛陀一生重要的生命場景。

當時我佇立室中，覺得彷如置身古印度大陸的蓊鬱森林，隱隱然似乎可以感覺到，每一幅畫中的大自然光照，都是煥發自奚淞先生所解悟的佛法之光。其中的一幅「大涅槃圖」我最難忘，娑羅雙樹下的佛陀右躺而臥，西斜的黃昏日光，透過樹梢葉隙照在佛陀頭部，林間幽寂，佛陀安然捨離了人世。

我久久凝視這幅畫，那麼寧靜的捨離，那麼莊嚴的氣息，那束穿林光影穿透我內心難以言喻的思緒，雖然面上強自鎮定，但心裡滂沱淚流。

至今十餘年過去，得有因緣為慈濟在尼泊爾的賑災行動，編寫纂集兩年來的大愛足跡，我再一次近切地感受那一片古老的大地。透過證嚴上人的法語開示，透過慈濟人的法入心、法入行，我在文字、音聲、影像中，讀到、聽到、看到許許多多意義深刻的場景。

有一張攝影作品動人極深，那是二〇一五年五月十二日，尼泊爾再次強震的瞬間，一位慈誠師兄緊緊抱著嚇哭的幼小孩子，無比心疼撫慰的畫面。在劇烈的天搖地動中，房屋轟然倒塌的漫天煙塵裡，所有人拔腿狂奔，慈濟人也拔腿狂奔，奔向的是驚慌失措的鄉親，擁抱著老弱婦孺，陪伴膚慰。

慈濟人的方向，永遠向著人群。上人形容那是人心之愛無私的親近，「在一片斷垣殘壁、瓦礫堆中，看到人心那樣的燦爛光明。」

光，蘊蓄於每一位付出無所求的慈濟人心中，在臉上化為微笑，在手中化為扶持，在胸懷化為擁抱，在攝影機下凝定瞬間為永恆，在筆底紀實寫史化為錦繡文章。種種心光輝耀，有如珠玉在前，我是穿引其間的串珠人，感恩所有文字影音的助成，因為上人的慈悲、慈濟人的大愛身行，這本書才能呈現得豐盈。

我在進行本書時，學到了一句尼泊爾語Namaste，意為「我的內在生命，看見並且讚歎你內在的生命」。在這本尼泊爾之書的最末一頁，且讓我恭敬合掌，道一聲Namaste，向所有美好的心光，致敬！

全書資料參考


- 【證嚴法師·菩提心要】佛陀的故事 DVD
- 《證嚴上人衲履足跡》
- 《佛眼凝望的尼泊爾》（經典雜誌出版）
- 《一路點燈到佛國：人醫行腳》
- 《人醫心傳》——施醫藥，護佛國
- 《慈濟月刊》
- 《經典雜誌》
- 《慈濟道侶叢書》
- 精勤四修（證嚴上人主講）
- 尼泊爾震災特別報導
- 尼泊爾地震救援紀實——慈濟人文真善美志工攝影集
- 慈濟全球資訊網「愛滿週年—尼泊爾強震」
- 慈濟全球資訊網「慈濟尼泊爾賑災醫療團行動紀實」
- 慈濟全球資訊網「人文真善美志工報導」
- 慈濟全球資訊網「慈濟全球社區網」
- 大愛電視臺「人間菩提」
- 大愛電視臺「大愛人物誌」
- 大愛電視臺「大愛新聞」
- 大愛電視臺「人文講堂」
- 大愛廣播「真心看世界」
- 大愛網路電臺
- 慈濟文史資料庫
- 慈濟基金會文發處
- 大林慈濟醫院「尼泊爾賑災醫療紀行」
- 大林慈濟醫院院長室文史資料組

社會人文 BGB445

# 慈悲在人間
## 走過尼泊爾震災之路

國家圖書館出版品預行編目(CIP)資料

慈悲在人間 : 走過尼泊爾震災之路 / 潘煊著.
-- 第一版. -- 臺北市 : 遠見天下文化, 2017.05
面；　公分. -- (社會人文 ; BGB445)
ISBN 978-986-479-202-3(平裝)

1.佛教慈濟慈善事業基金會 2.社會福利
3.尼泊爾

548.126　　　106005800

編著 — 潘煊
事業群發行人／CEO／總編輯 — 王力行
資深副總編輯 — 吳佩穎
責任編輯 — 賴仕豪
封面設計 — 文皇工作室（特約）

出版者 — 遠見天下文化出版股份有限公司
創辦人 — 高希均、王力行
遠見・天下文化・事業群 董事長 — 高希均
事業群發行人／CEO — 王力行
出版事業部副社長／總經理 — 林天來
版權部協理 — 張紫蘭
法律顧問 — 理律法律事務所陳長文律師
著作權顧問 — 魏啟翔律師
地址 — 台北市 104 松江路 93 巷 1 號 2 樓
讀者服務專線 — 02-2662-0012 ｜ 傳真 — 02-2662-0007, 02-2662-0009
電子郵件信箱 — cwpc@cwgv.com.tw
直接郵撥帳號 — 1326703-6 號　遠見天下文化出版股份有限公司

慈濟人文出版社
地址 — 台北市大安區忠孝東路三段 217 巷 7 弄 19 號 1 樓
電話 — 02-28989888　傳真 — 02-28989889
郵撥帳號 —06677883　戶名 —互愛人文志業股份有限公司
網址 —www.jingsi.com.tw

電腦排版 — 極翔企業有限公司
製版廠 — 東豪印刷事業有限公司
印刷廠 — 祥峰印刷事業有限公司
裝訂廠 — 政春裝訂實業有限公司
登記證 — 局版台業字第 2517 號
總經銷 — 大和書報圖書股份有限公司　電話／ (02)8990-2588
出版日期 — 2017/05/03 第一版第一次印行

定價 — NT 330 元
ISBN — 978-986-479-202-3
書號 — BGB445
天下文化書坊 — bookzone.cwgv.com.tw